beck'sche reihe

D1828401

bsr

Marc Augé ist der Ethnologe des «Nahen». In seinem Buch *Nicht-Orte* konstatiert er im Zuge von Modernisierung und Globalisierung weltweit eine rasante Zunahme von sinnentleerten, transitorischen Funktionsorten. Diese «Nicht-Orte» wie z. B. Flughäfen, U-Bahnen, Flüchtlingslager, Supermärkte oder Hotelketten sind keine «anthropologischen Orte», man ist nicht heimisch in ihnen, sondern es sind «Orte des Ortlosen» und gewissermaßen das Gegenteil von «Erinnerungsorten». Diese Räume stiften keine individuelle Identität, haben keine gemeinsame Vergangenheit und schaffen keine sozialen Beziehungen. Sie sind Zeichen kollektiven Identitätsverlusts. «Der Raum der Nicht-Orte schafft Einsamkeit und Gleichförmigkeit». Marc Augés Buch, stark rezipiert in den Kulturwissenschaften, war lange vergriffen. Es ist jetzt mit einem neuen Nachwort des Verfassers wieder zugänglich.

Marc Augé, geb. 1935, lehrt Anthropologie an der Pariser École des Hautes Études en Sciences Sociales, deren Präsident er viele Jahre war. Bei C.H.Beck ist von ihm außerdem lieferbar: *Tagebuch eines Obdachlosen* (bsr 6020).

MARC AUGÉ

NICHT-ORTE

Aus dem Französischen
von Michael Bischoff

Verlag C.H. Beck

Die französische Originalausgabe mit dem Titel
‹Non-Lieux. Introduction à une anthropologie
de la surmodernité› erschien 1992 bei Éditions du Seuil, Paris.
© Éditions du Seuil, 1992.
Collection La Librairie du XXIe siècle, dirigée par
Maurice Olender.

Auf deutsch erschien das Buch erstmals
1994 im S. Fischer Verlag,
Frankfurt am Main, unter dem Titel ‹Orte und Nicht-Orte.
Vorüberlegungen zu einer Ethnologie
der Einsamkeit›.

3. Auflage, 2012

Erste, um ein Nachwort erweiterte Auflage in der Beck'schen Reihe. 2010
© Verlag C.H.Beck oHG, München 2010
Satz, Druck u. Bindung: Druckerei C.H.Beck, Nördlingen
Umschlagabbildung: www.abandonedbatonrouge.typepad.com
Umschlaggestaltung: malsyteufel, Willich
Printed in Germany
ISBN 978 3 406 60568 0

www.beck.de

INHALT

VORWORT

Bevor Pierre Dupont in seinen Wagen stieg, beschloss er, noch ein wenig Bargeld am Geldautomaten abzuheben. Die Maschine akzeptierte seine Karte und bewilligte ihm eintausendachthundert Francs. Pierre Dupont drückte auf die Taste neben der Aufschrift *1800*. Die Maschine bat ihn um einen Augenblick Geduld, dann gab sie die gewünschte Summe aus und erinnerte ihn daran, die Karte zu entnehmen. «Vielen Dank für Ihren Besuch», schloss sie, während Pierre Dupont die Geldscheine in seiner Brieftasche verstaute.

Die Fahrt gestaltete sich zügig; am frühen Sonntagnachmittag ist es kein Problem, Paris auf der A 11 zu umfahren. An der Auffahrt brauchte er nicht zu warten; er zahlte an der Zahlstelle Dourdan mit seiner Kreditkarte, fuhr auf dem Périphérique um Paris herum und erreichte schließlich Roissy über die A 1.

Er parkte seinen Wagen im zweiten Untergeschoss (Reihe J), steckte den Parkschein in die Brieftasche und eilte zum Abfertigungsschalter der Air France. Erleichtert entledigte er sich seines Koffers (genau zwanzig Kilogramm), reichte der Dame hinter dem Schalter sein Ticket und fragte, ob er einen Platz neben dem Gang im Raucherabteil haben könne. Nach einem Blick auf ihren Computer bestätigte sie dies wortlos mit einem Kopfnicken, dann reichte sie ihm lächelnd das Ticket und die Bordkarte. «Einstieg um achtzehn Uhr, Flugsteig B», fügte sie hinzu.

Er brachte die Zollkontrolle gleich hinter sich, um sich noch kurz im Duty-free-Shop umzusehen. Er kaufte eine Flasche Cognac (als Präsent für seine asiatischen Gastgeber) und eine Kiste Zigarren (für seinen eigenen Gebrauch). An der Kasse zahlte er mit seiner Kreditkarte.

Eine Weile betrachtete er die luxuriösen Auslagen in den Schaufenstern – Schmuck, Kleidung, Parfüms –, dann betrat er eine Buchhandlung, blätterte ein paar Magazine durch, entschied sich schließlich für ein Taschenbuch aus der Abteilung Reise, Action, Krimi und setzte seinen Spaziergang ohne Hast fort.

Er genoss das Gefühl von Freiheit, das er empfand, weil er sich seines Gepäcks entledigt hatte, aber vor allem, weil er jetzt nur noch der Dinge zu harren brauchte, die ganz ohne sein Zutun geschehen würden, nachdem er die Bordkarte eingesteckt und die Zollformalitäten hinter sich gebracht hatte. «Auf geht's.» Herrschte nicht an solchen Orten, an denen sich Tausende von individuellen Reisewegen kreuzten, noch etwas von dem ungreifbaren Charme der ungenutzten Flächen und der offenen Baustellen, der Bahnhöfe und Wartesäle, in denen die Schritte sich verlieren, all dieser Orte zufälliger Begegnung, an denen man noch flüchtig die Möglichkeit von Abenteuer spürt, das Gefühl, dass man die Dinge nur «kommen lassen» muss?

Der Einstieg verlief problemlos. Die Passagiere, deren Bordkarte ein Z trug, wurden gebeten, als Letzte einzusteigen, und mit einem gewissen Amüsement beobachtete er, wie am Ausgang des Flugsteigs ein Gedränge unter den X und den Y entstand.

Während er auf den Start der Maschine und das Austeilen der Zeitungen wartete, blätterte er im Magazin der Fluggesellschaft und verfolgte mit dem Finger die mögliche Flugroute: Heraklion, Larnaka, Beirut, Dahran, Dubai, Bombay, Bangkok – mehr als neuntausend Kilometer in wenigen Sekunden und ein paar Namen, die von Zeit zu Zeit in den Nachrichten von sich reden machten. Er warf einen Blick auf die Preisliste der steuerfrei angebotenen Waren (*duty free price list*), nahm erfreut zur Kenntnis, dass auf Langstreckenflügen Kreditkarten akzeptiert wurden, las mit Befriedigung von den Vorzügen der *Business Class*, an denen er dank der klugen Großzügigkeit seiner Firma teilhaben konnte. («In Charles de Gaulle 2 und in New York haben Sie die Möglichkeit, sich in den Räumen des ‹Clubs› zu entspannen; dort stehen Ihnen auch Telefone, Faxgeräte und Kleinfernseher zur Verfügung ... Neben dem persönlichen Empfang und der ständigen Betreuung durch unser Bordpersonal bietet Ihnen der neue Sitz Espace 2000 auf allen Langstreckenflügen mehr Raum als bisher, dazu getrennt einstellbare Armstützen und Rückenlehnen ...») Er schenkte der Digitalanzeige seines Espace 2000 ein wenig Aufmerksamkeit, vertiefte sich dann in die Anzeigen in dem Magazin, bewunderte das aerodynamische Profil einiger neuer Sportwagen und betrachtete die Fotos von Hotels einer internationalen Hotelkette, die pompös als «Orte der Zivilisation» präsentiert wurden (das Mammounia in Marrakesch, «das ein Palast war, bevor es zum Palace wurde», das Métropole in Brüssel, «in dem noch viel vom Glanz des neunzehnten Jahrhunderts zu spüren ist»). Dann stieß er auf die Reklame für einen Wagen, der denselben Namen trug wie sein Sitz: Renault Espace: «Eines Tages bildet sich das Bedürfnis nach Raum ... Erst überrascht es uns. Dann lässt es uns nicht mehr los. Der unwiderstehliche Wunsch, einen Raum ganz für uns zu haben. Einen beweglichen Raum, der uns mit sich fort nimmt. Alles wäre zur Hand, wir bräuchten nichts zu entbehren ...» Etwa so wie im Flugzeug. «Der Raum ist bereits da ... Wir waren noch nie so gut am Boden wie im Espace», scherzte die Anzeige zum Abschluss.

Und schon hob das Flugzeug ab. Er blätterte den Rest schneller durch, verweilte einen Augenblick bei einem Artikel über das «Nilpferd, den König des Flusses», in dem Afrika als «Wiege der Legenden» und als «Kontinent der Magie und des Zaubers» bezeichnet wurde, und bei einer Reportage über Bologna («Man kann überall verliebt sein, aber in Bologna ist man in die Stadt verliebt»). Eine englischsprachiges Inserat für ein japanisches *videomovie* erregte durch seine grellen Farben kurz seine Aufmerksamkeit (*«Vivid colors, vibrant sound and non-stop action. Make them yours forever»*). Der Refrain aus einem Lied von Trenet kam ihm immer wieder in den Sinn, seit er es am Nachmittag auf der Autobahn im Radio gehört hatte, und er sagte sich, das «Foto, das alte Foto aus meiner Jugend», von dem dort die Rede war, werde schon bald für die junge Generation keine Bedeutung mehr haben. Die Farben der Gegenwart für immer: die Kamera als Tiefkühltruhe. Eine Werbeanzeige für die Visa Card schenkte ihm schließlich endgültige Sicherheit. («Ob in Dubai oder anderswo, mit der Visa Card sind Sie überall willkommen ... Es ist ein beruhigendes Gefühl, mit Visa zu reisen.»)

Zerstreut überflog er ein paar Buchbesprechungen und verweilte dann aus beruflichem Interesse bei einem Werk mit dem Titel *Euromarketing*: «Die Homogenisierung der Bedürfnisse und Konsumgewohnheiten gehört zu den tiefgreifenden Entwicklungen, die das neue internationale Umfeld des Unternehmens kennzeichnen ... Nach einer Untersuchung der Auswirkungen des Globalisierungsphänomens auf das europäische Unternehmen, auf Geltung und Inhalt eines Euromarketing und auf die voraussichtlichen Entwicklungen des internationalen Marketingumfeldes werden zahlreiche Fragen angeschnitten.» Zum Schluss verwies die Rezension auf «die Bedingungen, welche die Entwicklung eines möglichst hochgradig standardisierten Mix begünstigen», und auf die «Architektur einer europäischen Kommunikation».

Ein wenig träumerisch legte Pierre Dupont das Magazin zur Seite. Der Hinweis *«Fasten seat belt»* war erloschen. Er setzte sich die Kopfhörer auf, wählte Kanal 5 und ließ sich vom Adagio des Konzerts Nr. 1 in C-Dur von Joseph Haydn forttragen. Ein paar Stunden lang (während sie das Mittelmeer, das Rote Meer und den Golf von Bengalen überquerten) würde er nun endlich allein sein.

DAS NAHE UND DAS FERNE

Immer häufiger ist die Rede von einer Anthropologie des Nahen. Ein 1987 im Musée des Arts et Traditions populaires veranstaltetes Kolloquium («Anthropologie sociale et ethnologie de la France»), dessen Beiträge 1989 unter dem Titel *L'Autre et le semblable* veröffentlicht wurden, kam zu dem Ergebnis, dass sich die Interessen der Ethnologen des Anderswo und der des Hier einander annähern. Das Kolloquium und das Buch knüpfen ausdrücklich an Überlegungen an, die 1982 im Kolloquium von Toulouse («Voies nouvelles en ethnologie de la France») sowie in einigen Büchern und Sondernummern von Fachzeitschriften erstmals angestellt worden waren.

Damit ist indessen keineswegs ausgeschlossen, dass die Feststellung neuer Interessen, neuer Forschungsfelder und unerwarteter Annäherungen nicht zu einem Teil auf Missverständnissen beruht oder zu Missverständnissen führt. So mögen denn ein paar Vorbemerkungen über die Anthropologie des Nahen vielleicht ein wenig Klarheit in die Diskussion bringen.

Die Anthropologie war immer schon eine Anthropologie des Hier und Jetzt. Der praktizierende Ethnologe befindet sich stets an irgendeinem Ort (seinem augenblicklichen Hier) und beschreibt, was er in diesem Augenblick sieht oder hört. Man kann im Anschluss daran immer nach der Qualität der Beobachtungen, den Absichten, den Vorurteilen und sonstigen Faktoren fragen, die seinen Text beeinflusst haben; es bleibt jedoch, dass jede Ethnologie aktuelle Präsenz und ein unmittelbares Zeugnis voraussetzt. Der theoretische Anthropologe, der sich auf fremde Zeugnisse und ein anderes als das eigene Feld bezieht, stützt sich auf die Auskunft von Ethnologen und nicht auf indirekte

Quellen, die er zu interpretieren versuchte. Selbst der *Arm chair anthropologist* – und wir alle sind dies zuzeiten – unterscheidet sich vom Historiker, der ein Dokument auswertet. Die Fakten, nach denen wir in Murdocks *Materialien* suchen, mögen aus guter oder schlechter Beobachtung stammen, doch sie sind sämtlich aus Beobachtung hervorgegangen, und zwar aufgrund von Items (Heirats-, Verwandtschafts-, Erbschaftsregeln), die auch der «sekundär» arbeitende Anthropologe teilt. Alles, was von der direkten Beobachtung im Feld wegführt, das führt auch von der Anthropologie weg, und Historiker, die anthropologischen Interessen nachgehen, betreiben keine Anthropologie. Der Ausdruck «historische Anthropologie» ist zumindest zweideutig. Angemessener wäre es wohl, von einer anthropologischen Geschichtswissenschaft zu sprechen. Ein invers-symmetrisches Beispiel wäre der unvermeidliche Rückgriff der Anthropologen, zum Beispiel der Afrikanisten, auf die Geschichte, insbesondere, wie sie in der mündlichen Tradition niedergelegt ist. Wir alle kennen Hampâté Bas Ausspruch, wenn in Afrika ein alter Mann stirbt, dann ist dies so, als würde eine «Bibliothek niederbrennen»; aber ein Informant, ob Greis oder nicht, ist jemand, mit dem man sich unterhält und der weniger von der Vergangenheit spricht als von dem, was er davon weiß oder darüber denkt. Er ist kein Zeitgenosse der Ereignisse, von denen er berichtet; der Ethnologe jedoch ist Zeitgenosse des Sprechers und seines Sprechens. Die Äußerung des Informanten gilt gleichermaßen für die Gegenwart und die Vergangenheit. Der Anthropologe, der historische Interessen hat und haben muss, ist nicht im strengen Sinne Historiker. Diese Bemerkung soll lediglich die Verfahren und Objekte verdeutlichen: Es liegt auf der Hand, dass die Arbeiten von Historikern wie Ginzburg, Le Goff oder Le Roy Ladurie größte Bedeutung für die Anthropologen besitzen, doch es sind Arbeiten von Historikern;

sie berufen sich auf die Vergangenheit und sind auf das Studium von Dokumenten gegründet.

So viel zum «Jetzt». Wenden wir uns nun dem «Hier» zu. Ohne Zweifel erhält das europäische, westliche Hier seinen vollen Sinn erst im Verhältnis zum fernen, ehemals «kolonialen», heute «unterentwickelten» Anderswo, dem das Hauptaugenmerk der britischen und französischen Anthropologie galt. Doch der Gegensatz zwischen Hier und Anderswo (eine globale Teilung – Europa/Rest der Welt –, die an Fußballspiele erinnert, wie sie in England stattfanden, als man dort noch großen Fußball spielte: England gegen den Rest der Welt) kann nur dann als Ausgangspunkt für die Gegenüberstellung zweier Anthropologien dienen, wenn man voraussetzt, was gerade in Frage steht: nämlich dass es sich um zwei verschiedene Anthropologien handelt.

Die These, wonach die Ethnologen sich zunehmend mit Europa beschäftigten, weil die fernen Forschungsfelder ihnen verschlossen seien, ist fragwürdig. Zunächst einmal gibt es sehr reale Möglichkeiten, in Afrika, Amerika oder Asien zu arbeiten. Sodann sind die Gründe, weshalb man sich in der Anthropologie mit Europa befasst, durchaus positiv. Es handelt sich keineswegs um eine Anthropologie der mangelnden Gelegenheiten. Und gerade die Klärung dieser positiven Gründe kann helfen, den Gegensatz Europa/Anderswo in Zweifel zu ziehen, der einigen besonders modernistischen Definitionen der auf Europa ausgerichteten Ethnologie zugrunde liegt.

Hinter dem Problem der Ethnologie des Nahen zeichnen sich in der Tat zwei Fragen ab. Zunächst einmal ist zu fragen, ob die Ethnologie Europas in ihrer gegenwärtigen Gestalt den Anspruch auf ein ähnliches Maß an Verfeinerung, Komplexität und begrifflicher Differenzierung erheben kann wie die Ethnologie der fernen Gesellschaften. In der Regel wird diese Frage bejaht, jedenfalls von den Europäisten unter den Ethnologen und mit Blick auf die Zukunft. So kann Martine Segalen in der oben genannten Aufsatzsammlung stolz verkünden, zwei Verwandtschaftsethnologen seien nun in der Lage, in gleicher Weise miteinander zu diskutieren «wie die Spezialisten für einen afrikanischen Stamm», und Anthony P. Cohen weist darauf hin, dass die von Robin Fox auf der Isle of Tory und von Marilyn Strathern in Elmdon durchgeführten Forschungen zu den Verwandtschaftsbeziehungen einerseits bezeugen, welche zentrale Bedeutung der Verwandtschaft und den damit verbundenen Strategien in «unseren» Gesellschaften zukommt, während sie andererseits deutlich machen, dass in einem Land wie dem heutigen Großbritannien mehrere Kulturen nebeneinander existieren.

So formuliert, dürfte die Frage allerdings in die Irre führen: Im Grenzfall ginge es dann nur noch darum, ob hier ein unzulängliches Symbolisierungsvermögen der europäischen Gesellschaften vorliegt oder ob wir es nur mit der Unfähigkeit der Europa-Ethnologen zu tun haben, dieses Symbolisierungsvermögen zu erschließen.

Die zweite Frage ist von ganz anderer Reichweite: Lassen sich die Tatsachen, Institutionen, Organisationsweisen (der Arbeit, der Freizeit, des Wohnens) und die spezifischen Modalitäten des gesellschaftlichen Verkehrs in der heutigen Welt aus anthropologischer Sicht beurteilen? Zunächst einmal stellt sich diese Frage nicht nur im Hinblick auf Europa. Wer schon Erfahrungen mit Afrika zum Beispiel gesammelt hat, der weiß, dass jedes globale anthropologische Konzept dort eine Vielzahl interagierender Elemente zu berücksichtigen hat, die aus der unmittelbaren Gegenwart resultieren, auch wenn man sie nicht in «traditionelle» und «moderne» Register gliedern kann. Wir wissen aber auch, dass all die institutionellen Formen, mit denen wir uns heute befassen müssen, wenn wir das soziale Leben verstehen wollen (die Lohnarbeit, das Unternehmen, Sport als Spektakel, die Medien ...), auf sämtlichen Kontinenten eine Rolle spielen, deren Bedeutung von Tag zu Tag zunimmt. Damit verschiebt sich die Ausgangsfrage: Es geht nicht mehr um Europa, sondern um die Gegenwart schlechthin, um die aktuellste Aktualität in ihren aggressivsten und beunruhigendsten Momenten.

Von nun an ist es wesentlich, die Frage der Methode nicht mit der Frage des Objekts zu verwechseln. Man hat oft gesagt (Lévi-Strauss mehrere Male), die moderne Welt sei der ethnologischen Beschreibung zugänglich, sofern man in der Lage sei, Beobachtungseinheiten zu isolieren, die sich mit unseren Forschungsmethoden erfassen lassen. Und es ist bekannt, welche Bedeutung Gérard Althabe (der damals gewiss nicht wusste, dass er damit den Überlegungen unserer Politiker den Weg bereitete) den Treppenhäusern, dem «Austausch» in den Treppenaufgängen der großen Mietshäuser in Saint-Denis und der Umgebung von Nantes beigemessen hat.

Wer jemals im Feld gearbeitet hat, der weiß nur zu gut, dass die ethnologische Forschung ihre Beschränkungen hat, die zugleich ihre Stärken sind, und dass der Ethnologe annäherungsweise die Grenzen einer Gruppe umschreiben muss, die er erkennen kann und die ihn anerkennt. Doch die Feldforschung hat mehrere Aspekte. Die Methode und die Notwendigkeit eines effizienten Kontakts mit Gesprächspartnern sind eine Sache; die Repräsentativität der ausgewählten Gruppe ist eine andere: Wir müssen in der Tat wissen, was die, mit denen wir sprechen und die wir sehen, uns über jene berichten, mit denen wir nicht sprechen und die wir nicht sehen. Die Tätigkeit des ethnologischen Feldforschers besteht von Anbeginn darin, das Soziale zu vermessen, Größenordnungen abzuwägen und kleinteilige Vergleiche anzustellen; er bastelt sich eine bedeutungtragende Welt zusammen, erkundet bei Bedarf in raschen Untersuchungen Zwischenwelten oder zieht als Historiker die einschlägigen Dokumente zu Rate. Er versucht, für sich und die anderen herauszufinden, von wem zu sprechen er beanspruchen darf, wenn er von denen spricht, mit denen er gesprochen hat. Nichts berechtigt zu der Annahme, die Frage nach dem realen empirischen Objekt und nach Repräsentativität stelle sich in einem großen afrikanischen Königreich anders als in einer Fabrik am Stadtrand von Paris.

Zwei Anmerkungen wären hier zu machen. Die eine berührt die Geschichte, die zweite die Anthropologie, und beide betreffen das Bestreben des Ethnologen, den empirischen Gegenstand seiner Forschung und dessen qualitative Repräsentativität zu bestimmen – denn es geht hier nicht um die Auswahl statistisch repräsentativer Stichproben im strengen Sinne, sondern darum, ob das, was für eine Sippe oder ein Dorf gilt, auch für eine andere Sippe oder ein anderes Dorf gilt ... Die Probleme, die mit der Definition von Begriffen wie «Stamm» oder «Ethnie» verbunden sind, gehören in denselben Zusammenhang. Dieses Bestreben eint den Ethnologen und den Historiker der Mikrogeschichte, und gleichzeitig unterscheidet es sie. Oder sagen wir lieber, aus Rücksicht auf den zeitlichen Vorsprung des Ethnologen, die Historiker der Mikrogeschichte finden zu einem ethnologischen Interesse, wenn sie ihrerseits gezwungen sind, sich zu fragen, inwieweit die von ihnen analysierten Fälle repräsentativ sind – etwa das Leben eines Müllers im Friaul des fünfzehnten Jahrhunderts –, wobei sie dann zur Sicherung der Repräsentativität auf Begriffe wie «Spuren», «Indizien» oder «exemplarische Außergewöhnlichkeit» angewiesen sind, während der ethnologische Feldforscher, sofern er denn gewissenhaft arbeitet, stets die Möglichkeit hat, noch ein wenig weiter auszugreifen, um durch eigene Beobachtung zu ermitteln, ob das, was er zunächst erkannt zu haben glaubt, auch im weiteren Rahmen noch Geltung besitzt. Darin liegt der Vorteil, wenn man an Gegenwärtigem arbeitet – ein bescheidener Ausgleich für den wesentlichen und ständigen Vorteil des Historikers, der bekanntlich weiß, wie es weitergegangen ist.

Die zweite Anmerkung gilt dem Objekt der Anthropologie, das heißt in diesem Falle: dem intellektuellen Objekt oder, wenn man so will, dem Generalisierungsvermögen des Ethnologen. Es liegt auf der Hand, dass ein erheblicher Unterschied besteht zwischen der minutiösen Beobachtung dieser oder jener Dorfhälfte oder der Sammlung von Mythen in einer bestimmten Population einerseits und der Entwicklung einer Theorie der «elementaren Strukturen der Verwandtschaft» oder der «Mythologica» andererseits. Und das betrifft nicht nur den Strukturalismus. Alle großen anthropologischen Ansätze haben versucht, zumindest eine gewisse Anzahl allgemeiner Hypothesen aufzustellen, die zwar gewiss ursprünglich auf der Erforschung eines Einzelfalles beruhten, dann aber zur Herausbildung von Problemkonstellationen führten, die weit über den Horizont dieses Einzelfalles hinauswiesen – Theorien des Zauberwesens, der matrimonialen Heiratsregeln, der Macht oder der Produktionsverhältnisse.

Wir wollen auf die Geltung solcher Generalisierungsbemühungen hier nicht eingehen, aber die bloße Tatsache, dass sie ein konstituierender Bestandteil der ethnologischen Literatur sind, zeigt uns, dass das Größenargument, soweit man es auf nichtexotische Gesellschaften anwendet, lediglich einen speziellen Teil der Forschung erfasst, also die Methode und nicht das Objekt: nicht das empirische und erst recht nicht das intellektuelle oder theoretische Objekt, das nicht nur eine Generalisierung, sondern auch den Vergleich voraussetzt.

Wir dürfen das Problem der Methode nicht mit dem des Objekts verwechseln, denn das Objekt der Anthropologie war niemals die erschöpfende Beschreibung eines Dorfteils oder eines ganzen Dorfes. Wenn Monographien dieser Art geschrieben wurden, so präsentierten sie sich als Beitrag zu einem noch unvollständigen Inventar, und in der Regel skizzierten sie zumindest im empirischen Bereich Generalisierungen, die sich auf eine ganze ethnische Gruppe bezogen und mehr oder weniger durch entsprechende Untersuchungen abgesichert waren. Wenn wir es mit der Gegenwart in unserer Nähe zu tun haben, geht es nicht in erster Linie um die Frage, ob und wie es möglich ist, große Gebilde wie ein Unternehmen oder ein Feriendorf zu erforschen (gut oder schlecht, das wird man sehen), sondern um die Frage, ob das gegenwärtige soziale Leben Aspekte besitzt, die heute als ebenso relevant für die anthropologische Forschung erscheinen, wie sich einst die Besonderheiten der Verwandtschaft, der Heiratspraktiken, der Gabe, des Tausches und so weiter zunächst (als empirische Objekte) der Aufmerksamkeit und dann (als intellektuelle Objekte) der Reflexion der auf ferne Gesellschaften ausgerichteten Anthropologen aufdrängten. Was die bevorzugte (und gewiss legitime) Beschäftigung mit der Methode angeht, sei deshalb an die Vorgängigkeit des Objekts erinnert.

Die Vorgängigkeit des Objekts vermag Zweifel an der Legitimität einer Anthropologie zu wecken, die sich mit der Gegenwart in unserer unmittelbaren Nähe befasst. Im Vorwort zur Neuausgabe von *La Tarasque* stellt Louis Dumont fest – und Martine Segalen zitiert ihn in der Einleitung zu *L'Autre et le semblable* –, dass «die Verschiebung der Interessenschwerpunkte» und der Wandel der «Fragestellungen» (also das, was wir hier die Veränderung des empirischen und des intellektuellen Objekts nennen) unsere Disziplinen daran hindern, in einem einfachen Sinne kumulativ zu sein, und «möglicherweise sogar ihre Kontinuität untergraben». Als Beispiel für eine Verschiebung der Interessenschwerpunkte verweist er auf eine im Vergleich zur Erforschung der Volkstraditionen «umfassendere und zugleich differenziertere Untersuchung des sozialen Lebens in Frankreich, die keine absolute Trennung mehr zwischen Nichtmodernem und Modernem, etwa zwischen Handwerk und Industrie, vornimmt».

Ich bin mir nicht sicher, ob die Kontinuität einer Disziplin sich nach der Kontinuität ihrer Objekte bemisst. Eine solche Behauptung wäre gewiss fragwürdig, wenn man sie auf die Wissenschaften vom Leben münzte, die kaum in dem von Dumont gemeinten Sinne kumulativ sein dürften; dort führt vielmehr die Forschung, sofern sie denn erfolgreich ist, zu neuen Forschungsobjekten. Und die Behauptung erschiene mir erst recht fragwürdig, wenn man sie auf das soziale Leben bezöge, denn es handelt sich stets um soziales Leben, wenn wir es mit Veränderungen der Organisations- und Hierarchisierungsweisen zu tun haben; dann drängen sich der Aufmerksamkeit des Forschers neue Objekte auf, die mit den neuen Objekten in den Wissenschaften vom Leben gemein haben, dass sie die zuvor bearbeiteten Objekte nicht eliminieren, sondern komplizieren. Dennoch bleibt die von Louis Dumont geäußerte Befürchtung nicht ohne Widerhall bei jenen, die im Bereich der Anthropologie des Hier und Jetzt arbeiten. Gérard Althabe, Jacques Cheyronneaud und Béatrix Le Wita bringen das zum Ausdruck, wenn sie in *L'Autre et le semblable* scherzhaft bemerken, dass die Bretonen «sich weit stärker für ihre Kredite beim Crédit agricole interessieren als für ihre Abstammung ...» Doch hinter dieser Formulierung zeichnet sich wiederum die Frage nach dem Objekt ab: Wer sagt denn, die Anthropologie müsse der Abstammung der Bretonen mehr Bedeutung beimessen, als sie es selbst tun (auch wenn man angesichts der Tatsache, dass es sich um Bretonen handelt, bezweifeln mag, dass die Abstammung ihnen gänzlich gleichgültig ist)? Wenn die Anthropologie des Hier und Jetzt sich ausschließlich an bereits bestehenden Kategorien orientieren müsste und keine neuen Objekte konstruieren dürfte, dann hätte die Erschließung neuer Forschungsfelder lediglich mit Neugier zu tun und nicht mit Notwendigkeit.

Diese Vorbemerkungen verlangen nach einer positiven Definition dessen, was anthropologische Forschung ist. Wir wollen versuchen, auf der Grundlage zweier Feststellungen zu einer Definition zu gelangen.

Die erste Feststellung bezieht sich auf die anthropologische Forschung: Die anthropologische Forschung befasst sich in der Gegenwart mit der Frage des anderen. Die Frage des anderen ist kein Thema, auf das sie zufällig stieße; vielmehr ist sie ihr einziges intellektuelles Objekt, von dem her sich unterschiedliche Forschungsfelder bestimmen lassen. Sie befasst sich damit in der Gegenwart, und schon das unterscheidet sie von der Geschichte. Sie befasst sich damit zugleich in mehrfachem Sinne, das unterscheidet sie von den übrigen Sozialwissenschaften.

Sie befasst sich mit allen Arten des anderen: mit dem exotischen anderen, der durch das Verhältnis zu einem als identisch unterstellten «wir» definiert ist (wir Franzosen, Europäer, Menschen des Westens); mit dem anderen der anderen, dem ethnischen oder kulturellen anderen, der durch das Verhältnis zu einem als identisch unterstellten Ensemble von anderen, einem «sie», definiert ist, das meist unter den Namen einer Ethnie zusammengefasst wird; mit dem sozialen anderen, dem anderen des Binnenraumes, der den Bezugspunkt eines Systems von Unterschieden bildet, das mit der Teilung der Geschlechter beginnt, aber zugleich die jeweilige Position der einen und der anderen in familialer, politischer, ökonomischer Hinsicht definiert, so dass es unmöglich ist, von einer Position innerhalb des Systems (älter, jünger, nachgeboren, Herr, Untergebener, Gefangener ...) zu sprechen, ohne sich auf eine gewisse Zahl von anderen zu berufen; mit dem inneren anderen schließlich, der nicht mit dem Letztgenannten verwechselt werden darf, der in allen Denksystemen präsent ist und dessen universelle Repräsentanz auf der Tatsache beruht, dass absolute Individualität undenkbar ist: Vererbung, Erbe, Verwandtschaft, Ähnlichkeit und Einfluss sind Kategorien, durch die sich eine komplementäre, ja mehr noch: eine für jegliche Individualität konstitutive Andersheit erfassen lässt. Die gesamte Literatur, die sich mit dem Begriff der Person, mit der Interpretation von Krankheit und mit dem Zauberwesen beschäftigt, zeugt davon, dass eine der wichtigsten Fragen, welche die Ethnologie erörtert, auch von denen gestellt wird, die sie erforscht, und diese Frage gilt dem, was man die wesenhafte oder innere Andersheit nennen könnte. Die Vorstellungen von der inneren Andersheit in den von der Ethnologie untersuchten Systemen verlegen deren Notwendigkeit in den innersten Kern der Individualität und verbieten zugleich, die Frage der kollektiven Identität von der Frage der individuellen Identität zu trennen. Hier haben wir ein überaus bemerkenswertes Beispiel dafür, wie der Inhalt der vom Ethnologen untersuchten Vorstellungen das Verfahren beeinflusst, mit dem er diese Vorstellungen zu erschließen sucht: die Vorstellung vom Individuum interessiert den Anthropologen nicht bloß deshalb, weil sie eine soziale Konstruktion darstellt, sondern weil jede Vorstellung vom Individuum notwendig eine Vorstellung des ihm konsubstantiellen sozialen Bandes ist. So kommt es, dass wir der Anthropologie ferner Gesellschaften und mehr noch jenen, die sie erforscht hat, folgende Entdeckung verdanken: Das Soziale beginnt mit dem Individuum; das

Individuum ist eine Funktion des ethnologischen Blickes. Das Konkrete der Anthropologie ist das Gegenteil jenes Konkreten, welches soziologische «Schulen» gelegentlich im Bereich von Größenordnungen, aus denen die individuellen Variablen eliminiert sind, zu erkennen glauben.

Als Marcel Mauss das Verhältnis von Psychologie und Soziologie erörterte, führte er immerhin einige gewichtige Beschränkungen in die Definition der Individualität ein, wie sie der Beurteilung durch den ethnologischen Blick zugänglich ist. In einer höchst merkwürdigen Passage schreibt er, der von den Soziologen untersuchte Mensch sei nicht der in seinem Bewusstsein gespaltene, durch Selbstkontrolle und Selbstbeherrschung gekennzeichnete Mensch der modernen Elite, sondern der gewöhnliche oder archaische Mensch, der als Totalität definiert werden kann: «Der Durchschnittsmensch unserer Tage – und dies gilt vor allem für die Frauen – und fast alle Menschen der archaischen oder rückständigen Gesellschaften sind etwas ‹Totales›; sie werden in ihrem ganzen Wesen von der geringsten ihrer Wahrnehmungen oder durch den geringsten mentalen Schock affiziert. Das Studium dieser ‹Totalität› ist folglich von entscheidender Bedeutung für alles, was nicht die Elite unserer modernen Gesellschaften betrifft» (Bd. II, S. 169). Es ist bekannt, welche Bedeutung die Idee der Totalität für Mauss besitzt, für den das Konkrete etwas Volles und Vollständiges ist, aber sie beschränkt und verstümmelt in gewisser Weise die Idee der Individualität. Genauer gesagt, die Individualität, an die Mauss denkt, ist eine für die Kultur repräsentative, eine typische Individualität. Eine Bestätigung dieser These finden wir in seiner Analyse der totalen sozialen Tatsache, bei deren Deutung, wie Lévi-Strauss in seiner «Einleitung in das Werk von Marcel Mauss» anmerkt, nicht nur die diskontinuierlichen Aspekte (von Familie, Technik, Ökonomie) zu berücksichtigen sind, die man getrennt zu betrachten versucht sein könnte, sondern auch die Sicht, die man davon hat oder haben kann, wenn man sie als Eingeborener lebt. Die Erfahrung der totalen sozialen Tatsache ist in zweifacher Hinsicht konkret (und in zweifacher Hinsicht vollständig): als Erfahrung einer in Zeit und Raum präzise lokalisierten Gesellschaft und als Erfahrung eines beliebigen Individuums dieser Gesellschaft. Doch in Wirklichkeit handelt es sich keineswegs um ein beliebiges Individuum; vielmehr wird es mit der Gesellschaft identifiziert, deren Ausdruck es verkörpert, und bezeichnenderweise benutzt Mauss, wenn er uns eine Vorstellung davon geben will, was er unter *einem* beliebigen Individuum versteht, den bestimmten Artikel und sagt zum Beispiel «*der* Melanesier von der Insel Soundso». Die oben zitierte Passage bringt uns in diesem Punkt Klarheit. Der Melanesier ist nicht nur deshalb «total», weil wir ihn in seinen verschiedenen individuellen Aspekten, den «physischen und physiologischen, den psychischen und soziologischen» Dimensionen wahrnehmen, sondern weil er eine synthetische Individualität und Ausdruck einer Kultur ist, die gleichfalls als ein Ganzes wahrgenommen wird.

Zu dieser Auffassung von Kultur und Individualität wäre manches zu sagen (und es ist auch hier und da schon einiges dazu gesagt worden). Dass Kultur und Individualität in gewisser Hinsicht und in bestimmten Zusammenhängen als wechselseitiger Ausdruck verstanden werden können, ist trivial und im Übrigen ein Gemeinplatz, von dem wir beispielsweise dann Gebrauch machen, wenn wir sagen, jemand sei ein Bretone, ein Engländer, ein Auvergner, ein Deutscher. Dass die Reaktionen der als frei unterstellten Individualitäten auf der Basis signifikanter statistischer Stichproben verstanden und sogar vorausgesagt werden können, überrascht uns ebenfalls nicht. Aber wir haben gelernt, gegenüber absoluten, einfachen, substantiellen

Identitäten in kollektiver wie in individueller Gestalt skeptisch zu sein. Kulturen «arbeiten» wie frisches Holz, sie bilden (aus äußeren ebenso wie aus inneren Gründen) keine fertigen Totalitäten; und Individuen, so einfach man sie sich auch vorstellen mag, sind niemals so einfach, dass sie nicht in irgendeiner Beziehung zu der Ordnung stünden, die ihnen einen Platz zuweist; sie drücken die Totalität stets nur unter einer bestimmten Perspektive aus. Außerdem träte der prekäre Charakter bestehender Ordnungen wahrscheinlich niemals – in Kriegen, Revolten, Konflikten, Spannungen – zutage, wenn nicht individuelle Initiative den Anstoß dazu gäbe. Weder die in Zeit und Raum lokalisierte Kultur noch die Individuen, in denen sie ihre Verkörperung findet, definieren eine durch Identität geprägte Basis, jenseits derer Anderssein nicht mehr denkbar wäre. Natürlich ist es nicht erforderlich, das «Arbeiten» der Kultur an ihren Rändern oder die individuellen Strategien innerhalb der bestehenden Systeme bei der Definition gewisser (intellektueller) Forschungsobjekte zu berücksichtigen. In diesem Punkt sind die Diskussionen und Polemiken gelegentlich unaufrichtig oder kurzsichtig gewesen. Hier sei nur ein Beispiel genannt: Die Tatsache, dass eine Regel beachtet oder nicht beachtet wird, dass sie letztlich umgangen oder übertreten werden kann, hat nichts damit zu tun, dass man sämtliche logischen Implikationen dieser Regel ins Auge fasst, die ein Forschungsobjekt darstellen. Umgekehrt gibt es auch Forschungsobjekte, die sich der Beobachtung von Transformationen oder Veränderungen, von Verschiebungen, Initiativen oder Überschreitungen verdanken.

Man muss nur wissen, worüber man redet, und wir brauchen hier nur festzustellen, dass die anthropologische Forschung, auf welche Ebene sie sich auch beziehen mag, zu ihrem Objekt die Interpretation jener Interpretation hat, welche andere von der Kategorie des anderen auf den verschiedenen Ebenen vornehmen, die deren Ort und Notwendigkeit bestimmen: Ethnie, Stamm, Dorf, Sippe oder andere Gliederungsweisen, bis hin zum elementaren Verwandtschaftsatom, das die Identität der Abstammung bekanntlich der Heiratsregel unterwirft; das Individuum schließlich, das sämtliche Ritualsysteme als Ensemble und Versteinerung von Andersheit definieren, eine buchstäblich undenkbare Figur, wie es unter entgegengesetzten Modalitäten auch für die Figur des Königs oder die des Zauberers gilt.

Die zweite Feststellung betrifft nicht die Anthropologie, sondern die Welt, in der sie ihre Objekte findet, und insbesondere die heutige Welt. Es ist nicht so, dass die Anthropologie sich, der exotischen Terrains überdrüssig, vertrauteren Horizonten zuwendete und dabei Gefahr liefe, ihre Kontinuität zu verlieren, wie Louis Dumont befürchtet; vielmehr verlangt die heutige Welt aufgrund ihres beschleunigten Wandels selbst nach dem anthropologischen Blick, das heißt: nach einem neuartigen und methodischen Nachdenken über die Kategorie der Andersheit. Dabei wird man dreien dieser Wandlungsprozesse besondere Aufmerksamkeit schenken müssen.

Der erste hat mit der Zeit zu tun, mit unserer Zeitvorstellung, aber auch mit dem Gebrauch, den wir von ihr machen, also der Art und Weise, wie wir über die Zeit verfügen. Für eine Reihe von Intellektuellen ist die Zeit kein intelligibles Prinzip mehr. Die Idee des Fortschritts, die unterstellte, das Nachher sei durch das Vorher erklärbar, ist gewissermaßen an den Klippen des zwanzigsten Jahrhunderts zerschellt, nach all den Hoffnungen und Illusionen, mit denen man im neunzehnten Jahrhundert in See gestochen war. Genaugenommen entzündet sich dieses Infragestellen an mehreren unterschiedlichen Erfahrungen: der Grausamkeit der Weltkriege, der totalitären Systeme und einer Politik des Völkermordes, die – so viel kann man zumindest sagen – nicht von einem moralischen Fortschritt der Menschheit zeugen; an dem Ende der großen Berichte, das heißt der großen Deutungssysteme, die den Anspruch erhoben, ein Gesamtbild der menschlichen Entwicklung zu zeichnen, und die darin scheiterten, während die politischen Systeme, die sich ausdrücklich auf eines dieser Deutungssysteme stützten, zerfielen oder verschwanden – insgesamt also ein Zweifel an der Geschichte als Trägerin von Sinn, die Wiederaufnahme eines alten Zweifels, könnte man sagen, denn er erinnert auf merkwürdige Weise an jenen Zweifel, der um die Wende des siebzehnten zum achtzehnten Jahrhundert auftrat und in dem Paul Hazard die Triebkraft für den Streit zwischen Alten und Modernen und die Krise des europäischen Bewusstseins erkennen zu können glaubte. Doch wenn Fontenelle an der Geschichte zweifelte, so galt dieser Zweifel in erster Linie der (anekdotischen und recht unsicheren) Methode sowie dem Objekt der Geschichte (die Vergangenheit erzählt uns nur vom Wahnsinn der Menschen) und deren Nutzen (besser wäre es, den jungen Menschen jene Zeit nahezubringen, in der sie selbst leben). Wenn die Historiker heute und vornehmlich in Frankreich an der Geschichte zweifeln, so nicht aus technischen oder methodologischen Gründen (als Wissenschaft hat die Geschichte durchaus Fortschritte gemacht), sondern weil sie spüren, wie schwer es geworden ist, die Zeit als intelligibles Prinzip zu begreifen, und vor allem, wie schwierig es ist, ein Identitätsprinzip darin unterzubringen.

Wir erleben auch, dass sie gewisse große Themen bevorzugen, die als «anthropologisch» bezeichnet werden (die Familie, das Privatleben, die Orte des Erinnerns). Forschungen dieser Art treffen den Geschmack des Publikums und kommen seinem Bedürfnis nach alten Formen entgegen, als verrieten diese alten Formen uns Heutigen, was wir sind, indem sie zeigen, was wir nicht mehr sind. Niemand bringt diese Anschauung besser zum Ausdruck als Pierre Nora im Vorwort zum ersten Band der

Lieux de mémoire: Was wir in der Anhäufung der Zeugnisse, der Dokumente, der Bilder, all der «sichtbaren Zeichen dessen, was einmal war», suchen, ist unser Anderssein «und im Schauspiel dieses Andersseins das plötzliche Aufscheinen einer unauffindbaren Identität. Nicht mehr eine Genese, sondern die Dechiffrierung dessen, was wir sind, im Lichte dessen, was wir nicht mehr sind».

Zu dieser allgemeinen Feststellung passt auch das Verschwinden der von Sartre und den Marxisten unmittelbar nach dem Krieg favorisierten These, dass das Universelle letztlich und in letzter Analyse die Wahrheit des Partikularen sei, und es passt dazu gleichfalls das postmoderne Gefühl, dass eine Mode gerade so viel wert ist wie die andere und der Flickenteppich der Moden das Ende der Moderne als einer Entwicklung anzeigt, die Ähnlichkeit mit Fortschritt besäße.

Das Thema lässt sich kaum ausschöpfen; doch wir können uns dem Problem der Zeit aus einer anderen Perspektive nähern, im Licht einer banalen Beobachtung nämlich, die wir täglich machen können: Die Geschichte beschleunigt sich. Kaum haben wir Zeit gehabt, ein wenig älter zu werden, da ist unsere Vergangenheit bereits Geschichte, und unsere eigene individuelle Geschichte ist Bestandteil der Geschichte. Meine Generation hat in ihrer Kindheit und Jugend die stille Nostalgie der Veteranen des Ersten Weltkriegs kennengelernt, die uns zu sagen schien, dass sie die Geschichte (und welche Geschichte!) erlebt hätten und dass wir niemals wirklich verstehen würden, was das bedeutete. Heute gehen die *sechziger*, die *siebziger* und die *achtziger Jahre* ebenso schnell in die Geschichte ein, wie sie daraus hervortraten. Die Geschichte ist uns auf den Fersen. Sie folgt uns wie ein Schatten, wie der Tod. Die Geschichte – das heißt eine Folge von Ereignissen, die von vielen als Ereignisse verstanden werden (die Beatles, 1968, der Algerienkrieg, Vietnam, der Fall der Mauer in Berlin, die Demokratisierung der Länder des Ostens, der Golfkrieg, der Zerfall der Sowjetunion), eine Folge von Ereignissen, von denen wir annehmen dürfen, dass sie in den Augen der Historiker von morgen oder übermorgen Gewicht haben werden und zu denen jeder von uns – obschon er sehr wohl weiß, dass er in diesem Geschehen keine gewichtigere Rolle gespielt hat als Fabrice in Waterloo – ein paar Umstände oder partikulare Bilder hinzufügen könnte, als wäre es jeden Tag ein wenig weniger wahr, dass die Menschen, die ja die Geschichte machen (wer sollte es sonst tun?), nicht wissen, dass sie sie machen. Ist es nicht gerade diese Überfülle (auf einem Planeten, der täglich kleiner wird; davon wird noch zu reden sein), die diffizile Probleme für den Historiker der Zeitgeschichte schafft?

Wir wollen diesen Punkt genauer bedenken. Das Ereignis war stets ein Problem für jene Historiker, die es in die große Bewegung der Geschichte eingetaucht sahen und es als bloßen Pleonasmus zwischen einem Vorher und einem Nachher verstanden, welches seinerseits als Entwicklung dieses Vorher begriffen wurde. Das ist, jenseits aller Streitigkeiten, der Sinn der Analyse, die François Furet von der Revolution gibt, diesem Ereignis *par excellence*. Denn was sagt er uns in *Penser la Révolution*? Dass von dem Tage an, als die Französische Revolution ausbricht, das revolutionäre Ereignis «einen neuen Modus geschichtlichen Handelns hervorbringt, der im Register dieser Situation bis dahin nicht enthalten war». Das revolutionäre Ereignis (die Französische Revolution besitzt in diesem Sinne exemplarischen Ereignischarakter) lässt sich nicht auf die Summe der Faktoren reduzieren, die dieses Ereignis möglich und im Nachhinein denkbar gemacht haben. Es wäre ein Fehler, diese Analyse auf den Fall der Französischen Revolution beschränken zu wollen.

Die «Beschleunigung» der Geschichte bekundet sich tatsächlich in der vermehrten Zahl von Ereignissen, die von Ökonomen, Historikern oder Soziologen meist nicht vorausgesehen wurden. Das Problem steckt in der Vielzahl der Ereignisse, nicht so sehr in den Schrecken des zwanzigsten Jahrhunderts (die in ihren Dimensionen neu sind, aber ihre Möglichkeit der Technologie verdanken) und auch nicht im Wandel der Denkformen oder in den politischen Umwälzungen, für die uns die Geschichte zahlreiche andere Beispiele bietet. Die Überfülle, deren wir in ihrem ganzen Ausmaß nur dann gerecht werden können, wenn wir uns einerseits die Überfülle der Informationen und andererseits die Vielzahl der wechselseitigen Abhängigkeiten innerhalb des sogenannten Weltsystems vor Augen führen, ist für die Historiker ohne Zweifel ein zentrales Problem, vollends gilt das für die Zeitgeschichte – eine Bezeichnung, der die Ereignisdichte der letzten Jahrzehnte jede Bedeutung zu nehmen droht. Dieses Problem aber ist eindeutig anthropologischer Natur.

Sehen wir zu, wie Furet die Dynamik des Ereignisses «Französische Revolution» definiert. Es handelt sich um eine Dynamik, sagt er, «die man politisch, ideologisch oder kulturell nennen kann, wenn man zum Ausdruck bringen möchte, dass ihre um ein Vielfaches gesteigerte Fähigkeit, Menschen zu mobilisieren und auf Dinge einzuwirken, über eine Überinvestition von Sinn zustande kommt» (S. 39). Von einer solchen Überinvestition von Sinn, die der anthropologische Blick auf exemplarische Weise zu beurteilen vermag – um den Preis von Widersprüchen, deren weitere Entfaltung wir noch nicht absehen können –, zeugen zahlreiche Ereignisse unserer Zeit; das ist offenkundig der Fall, wenn von heute auf morgen Regime zusammenbrechen, deren Sturz niemand vorauszusagen wagte, aber auch und erst recht, wenn verdeckte Krisen das politische, soziale und wirtschaftliche Gefüge der liberalen Staaten erschüttern, die als Sinnkrisen zu bezeichnen wir uns unsinnigerweise angewöhnt haben. Neu daran ist nicht, dass die Welt keinen oder wenig oder weniger Sinn hätte, sondern dass wir tagtäglich sehr bewusst das Bedürfnis verspüren, ihr einen Sinn zu geben: der Welt einen Sinn zu geben und nicht einem Dorf oder einer Sippe. Dieses Bedürfnis, die Gegenwart und vielleicht auch die Vergangenheit mit Sinn auszustatten, ist der Preis für die Überfülle der Ereignisse in einer Situation, die wir als «Übermoderne» bezeichnen könnten, um auf ihr wichtigstes Merkmal hinzuweisen: das Übermaß.

Denn diese mit Ereignissen überladenen Zeiten, die unsere Gegenwart ebenso verstellen wie unsere nähere Vergangenheit, sind die Zeiten, mit denen wir alle umgehen oder umzugehen glauben. Und das erhöht die Ansprüche, die wir an den Sinn richten. Die Verlängerung der Lebenserwartung und das Nebeneinander von vier statt drei Generationen führen zunehmend zu praktischen Veränderungen im sozialen Austausch. Aber zugleich erweitern sie das kollektive genealogische und historische Gedächtnis und vermehren für jeden Einzelnen die Gelegenheiten, bei denen er das Gefühl haben kann, seine persönliche Geschichte kreuze die allgemeine Geschichte und werde von ihr beeinflusst. Seine Ansprüche und Enttäuschungen sind mit der Verstärkung dieses Gefühls verbunden.

Wir beschreiben also die Situation der Übermoderne in erster Linie durch die Figur des Übermaßes – eines Übermaßes an Zeit – und stellen die These auf, dass sie aufgrund ihrer Widersprüche ein ausgezeichnetes Beobachtungsfeld und ein Forschungsobjekt für die Anthropologie darstellt. Man könnte sagen, die Übermoderne sei die Vorderseite einer Medaille, deren Kehrseite die Postmoderne bildet – gleichsam das Positiv eines Negativs. Aus der Sicht der Übermoderne hat die Schwierigkeit, die Zeit zu denken, ihren Grund in der Überfülle der Ereignisse, die für die gegenwärtige Welt charakteristisch ist, und nicht im Zusammenbruch einer Fortschrittsidee, die schon seit langem keinen guten Stand hat; das Thema der bedrohlichen, imminenten Geschichte, der Geschichte, die sich uns an die Fersen heftet (und nahezu allen Registern unserer alltäglichen Existenz immanent ist), erscheint als Voraussetzung für das Thema des Sinns oder Nichtsinns von Geschichte, denn aus unserem Verlangen, die Gegenwart vollständig zu verstehen, erwächst erst die Schwierigkeit, der nahen Vergangenheit einen Sinn zu geben; das positive Verlangen nach Sinn, das sich bei den Individuen der zeitgenössischen Gesellschaften zeigt (und dessen demokratisches Ideal zweifellos ein wesentlicher Aspekt ist), vermag paradoxerweise jene Erscheinungen zu erklären, die bisweilen als Zeichen einer Sinnkrise interpretiert werden, zum Beispiel die Enttäuschungen aller Enttäuschten dieser Erde: enttäuscht vom Sozialismus, enttäuscht vom Liberalismus, enttäuscht bald schon vom Postkommunismus.

Der zweite beschleunigte Wandlungsprozess, der die heutige Welt kennzeichnet, und die zweite Gestalt jenes Übermaßes, das für die Übermoderne charakteristisch ist, erfasst den Raum. Vom Übermaß an Raum könnten wir zunächst – noch ein wenig paradox – sagen, dass er das Korrelat zur Verkleinerung unseres Planeten bilde, zu der Entfernung von uns selbst, der die Leistungen der Kosmonauten und die Runden entsprechen, welche die Satelliten um die Erde drehen. In gewissem Sinne reduzieren die ersten Schritte in den Weltraum unseren Raum auf einen winzigen Punkt, dessen exakte Abmessungen uns die von Satelliten aufgenommenen Fotos zeigen. Aber zugleich öffnet sich die Welt für uns. Wir leben im Zeitalter eines Wechsels der Größenordnungen, ganz sicher, was die Eroberung des Raumes betrifft, aber auch auf der Erde: Die Schnelligkeit unserer Verkehrsmittel sorgt dafür, dass der Abstand zwischen zwei beliebigen Hauptstädten nicht mehr als ein paar Stunden beträgt. In der Intimität unserer Wohnungen schließlich erlauben uns Bilder, von Satelliten ausgesendet und von Antennen aufgefangen, die nun die Dächer der entlegensten Dörfer zieren, einen augenblicklichen und oft zeitgleichen Blick auf Ereignisse, die gerade am anderen Ende der Welt stattfinden. Wir ahnen sehr wohl, welchen Pervertierungen oder Verzerrungen eine Information ausgesetzt sein kann, deren Bilder so selektiert sind; sie können nicht nur, wie man sagt, manipuliert werden, das Bild (das nur eines unter tausend gleichmöglichen ist) übt auch einen Einfluss aus, seine Macht reicht weit über die objektive Information hinaus, deren Träger es ist. Außerdem mischen sich auf den Mattscheiben der Erde tagtäglich Bilder der Information mit solchen der Werbung und der Fiktion, deren Zielsetzung zumindest im Prinzip nicht dieselbe ist und die vor unseren Augen eine in ihrer Vielfalt relativ homogene Welt erstehen lassen. Denn was ist realistischer und in gewissem Sinne informativer im Hinblick auf den Alltag in den USA als eine gute amerikanische Serie? Nicht zu vergessen die Scheinvertrautheit, die der kleine Bildschirm zwischen dem Fernsehzuschauer und den Akteuren der Weltgeschichte herstellt – ihr Gesicht ist uns ebenso vertraut wie die Helden der Illustrierten oder die Stars des internationalen Showgeschäfts und des Sports. Mit ihnen verhält es sich wie mit den Landschaften, in denen wir sie regelmäßig agieren sehen: Texas, Kalifornien, Washington, Moskau, das Elysée, Twickenham oder die arabische Wüste; auch wenn wir sie nicht kennen, so erkennen wir sie doch wieder.

Diese räumliche Überfülle funktioniert wie ein Köder, allerdings haben wir Mühe, den, der da manipuliert, dingfest zu machen (es steht niemand hinter dem Täuschungsapparat). Sie bildet einen Ersatz für die Welten, welche die Ethnologie traditionell zu den ihren gemacht hat. Von diesen gleichfalls weitgehend fiktiven Welten könnte man sagen, dass es sich im Wesentlichen um Welten des Wiedererkennens handelt. Symbolische Welten haben die Eigentümlichkeit, dass sie für die Menschen, die sie als Erbe übernommen haben, eher ein Mittel des Wiedererkennens sind als ein Mittel der Erkenntnis: ein geschlossenes System, in dem alles Zeichen ist, ein Ensemble aus Codes, für das manche den Schlüssel besitzen und von denen sie die Gebrauchsweise kennen, dessen Existenz jedoch von allen anerkannt wird, partiell fiktive, aber effektive Totalitäten, Kosmologien, von denen man meinen möchte, sie seien erdacht worden, um den Ethnologen eine Freude zu bereiten. Denn die Phantasien der Ethnologen treffen in diesem Punkt die Phantasien der von ihnen erforschten Eingeborenen. Die Ethnologie hat sich lange Zeit vor allem damit befasst, bedeutungsvolle Räume in der Welt abzugrenzen, von identifizierbaren Gesellschaften bis hin zu Kulturen, die ihrerseits als Totalitäten verstanden wurden: Sinnwelten, in deren Schoß Individuen und Gruppen, die ihrerseits nur Ausdruck sind, sich über dieselben Kriterien, Werte und Deutungsverfahren definieren.

Wir werden hier nicht noch einmal auf die oben bereits kritisierte Auffassung von Kultur und Individualität eingehen. Es genügt, anzumerken, dass diese Auffassung die Ideologie der Ethnologen ebenso zum Vorschein bringt wie die Ideologie der von ihnen Erforschten und dass die «übermoderne» Welterfahrung dem Ethnologen helfen kann, sich davon freizumachen oder, genauer, ihre Reichweite zu ermessen. Denn sie gründet unter anderem auf einer Organisation des Raumes, die der Raum der Moderne relativiert. Auch hier müssen wir festhalten: Ebenso wie die Erkenntnis der Zeit eher durch die Überfülle der Ereignisse kompliziert als von einem radikalen Umsturz in den vorherrschenden Praktiken der historischen Deutung unterminiert wird, so wird auch die Erkenntnis des Raumes weniger durch die gegenwärtigen Erschütterungen zerrüttet (denn es gibt durchaus noch Gebiete und Terrains in der Realität der territorialen Tatsachen und in der Realität der individuellen und kollektiven Bewusstseins- und Vorstellungswelten) als vielmehr durch die gegenwärtige Überfülle des Raumes kompliziert. Dies bezeugt sich, wie wir gesehen haben, in einem Wechsel der Größenordnungen, in der Vermehrung der bildlichen und imaginären Konnotationen und in der spektakulären Beschleunigung der Verkehrsmittel. Sie führt konkret zu beträchtlichen physischen Veränderungen: zur Verdichtung der Bevölkerung in den Städten, zu Wanderungsbewegungen und zur Vermehrung dessen, was wir als «Nicht-Orte» bezeichnen – im Unterschied zum soziologischen Begriff des Ortes, den Mauss und eine ganze ethnologische Tradition mit dem Begriff einer in Zeit und Raum lokalisierten Kultur verknüpft haben. Zu den Nicht-Orten gehören die für den beschleunigten Verkehr von Personen und Gütern erforderlichen Einrichtungen (Schnellstraßen, Autobahnkreuze, Flughäfen) ebenso wie die Verkehrsmittel selbst oder die großen Einkaufszentren oder die Durchgangslager, in denen man die Flüchtlinge kaserniert. Denn wir leben in einer Epoche, die auch in dieser Hinsicht paradox ist: Im selben Augenblick, da die Einheit des irdischen Raumes denkbar wird und die großen multinationalen Netze an Stärke gewinnen, verstärkt sich auch der Lärm der Partikularismen, all derer, die für sich bleiben wollen, oder derer, die nach einem Vaterland suchen, als wären der Konservativismus der einen und der Messianismus der anderen dazu verdammt, dieselbe Sprache zu sprechen: die des Bodens und der Wurzeln.

Man könnte meinen, die Verschiebung der räumlichen Parameter (die Überfülle des Raumes) bereite dem Ethnologen Probleme derselben Art, wie sie dem Historiker angesichts der

Überfülle an Ereignissen begegnen. Es handelt sich in der Tat um Probleme derselben Art, die jedoch auf die anthropologische Forschung besonders stimulierend wirken. Veränderungen der Größenordnung, Wechsel der Parameter: Wie im neunzehnten Jahrhundert stehen wir vor der Aufgabe, neue Zivilisationen und neue Kulturen zu erforschen. Und da zählt es wenig, dass wir in gewisser Weise selbst beteiligt sind, denn wir alle sind weit davon entfernt, uns in den Sachverhalten, Aspekten und Nuancen wirklich auszukennen. Im Übrigen erschienen die exotischen Kulturen den westlichen Beobachtern ehedem nicht als so andersartig, dass sie nicht zunächst versucht hätten, sie in das ethnozentrische Raster ihrer gewohnten Anschauungen zu zwingen. Falls denn die Erfahrung mit fernen Gesellschaften uns gelehrt hat, unseren Blick zu dezentrieren, sollten wir eigentlich Nutzen aus dieser Erfahrung ziehen. Die Welt der Übermoderne hat nicht dieselben Maße wie die Welt, in der wir zu leben glauben, denn wir leben in einer Welt, die zu erkunden wir noch nicht gelernt haben. Wir müssen neu lernen, den Raum zu denken.

Die dritte Figur des Übermaßes, durch die wir die Situation der Übermoderne definieren könnten, ist uns bekannt. Es ist die Figur des Ich, des Individuums, die, wie man sagt, in die anthropologische Reflexion zurückkehrt, denn mangels neuer Felder in einer Welt ohne Territorien und mangels theoretischer Grundauffassungen in einer Welt ohne große Berichte sind die Ethnologen oder gewisse Ethnologen, nachdem sie versucht hatten, die Kulturen (die lokalisierten Kulturen, die Kulturen im Sinne von Mauss) als Texte zu interpretieren, dahin gelangt, sich für die ethnographische Beschreibung nur noch insofern zu interessieren, als sie einen Text darstellt – einen Text, der natürlich Ausdruck seines Autors ist, so dass die Nuer, folgen wir James Clifford, uns mehr über Evans-Pritchard sagen, als dieser über die Nuer sagt. Ich möchte den Geist der hermeneutischen Forschung, dem zufolge die Interpreten sich selbst über die Forschung konstituieren, der sie die anderen unterziehen, gar nicht in Zweifel ziehen; aber es liegt auf der Hand, dass die kleinteilige Hermeneutik im Falle der Ethnologie und der ethnologischen Literatur Gefahr läuft, in Trivialitäten zu versinken. Es ist nämlich keineswegs sicher, dass die dekonstruktivistische Literaturkritik uns in ihrer Anwendung auf das ethnographische Korpus mehr als bloße Banalitäten oder evidente Einsichten vermittelt (zum Beispiel, dass Evans-Pritchard im Zeitalter des Kolonialismus lebte). Möglicherweise gerät die Ethnologie im Gegenzug auf Abwege, indem sie ihre Forschungsterrains durch die Erforschung derer ersetzt, die Terrain gewonnen haben.

Die postmoderne Anthropologie (zahlen wir es ihr in ihrer eigenen Münze zurück) beruht auf einer Deutung der Übermoderne, für die ihre reduktivistische Analyse (vom Feld zum Text und vom Text zum Autor) lediglich einen besonderen Ausdruck darstellt. Jedenfalls in der westlichen Gesellschaft möchte das Individuum sich als Welt verstehen. Es interpretiert die Informationen, die zu ihm gelangen, aus sich heraus und für sich. Die Religionssoziologen haben auf die Einzigartigkeit der katholischen Praxis hingewiesen, dass der Gläubige seinen Glauben auf seine Weise begreift und lebt. Geradeso lässt sich das Problem des Verhältnisses der Geschlechter nur im Namen des undifferenzierten Werts des Individuum lösen. Diese Individualisierung des Verhaltens kann uns nicht mehr erstaunen, wenn wir uns die oben skizzierten Analysen vergegenwärtigen: Niemals zuvor wurde die individuelle Geschichte in solchem Maße von der kollektiven Geschichte beeinflusst, aber auch niemals zuvor waren die Orientierungsmarken für die kollektive Identifikation ähnlich fließend wie heute. Die individuelle Sinnproduktion ist daher so notwendig wie noch nie. Gewiss vermag die Soziologie die Illusionen zu enttarnen, aus denen diese Individualisierung des Verhaltens sich speist, sowie die Wiederholungen und Stereotypen aufzudecken, die dem Bewusstsein der Handelnden gänzlich oder teilweise entgehen. Doch das einzigartige Ausmaß der Sinnproduktion, die sich auf einen vielfältigen Reklameapparat stützt – der vom Körper, von den Sinnen, von den Freuden des Lebens spricht – und auf eine politische Sprache, die um das Thema der individuellen Freiheit kreist, ist an sich höchst aufschlussreich; es steht im Zusammenhang mit dem, was die Ethnologen unter diversen Überschriften bei den anderen erforscht haben, also eher mit den lokalen Anthropologien als mit den lokalen Kosmologien, also mit den Vorstellungssystemen, die den Kategorien der Identität und der Andersheit ihre besondere Gestalt verleihen.

So stellt sich heute in Begriffen, die den Anthropologen neu sind, ein Problem, das dieselben Schwierigkeiten bereitet wie jenes, dem Mauss und nach ihm die gesamte kulturalistische Schule begegneten: Wie sollen wir das Individuum denken und orten? In seinem Buch *Kunst des Handelns* spricht Michel de Certeau von «Listen der Kunst des Handelns», die es den Individuen ermöglichen, die Zwänge, denen die moderne und insbesondere die urbane Gesellschaft sie unterwirft, umzubiegen, zu benutzen und ihnen in einer Art alltäglicher Improvisation ihre eigenen Signale und ihre eigenen Spuren einzuprägen. Aber Michel de Certeau war sich im Klaren, dass es diese Listen und diese Kunst des Handelns einmal mit der Vielzahl der gewöhnlichen Individuen (dem Gipfel des Konkreten), ein andermal mit dem durchschnittlichen Individuum (einer Abstraktion) zu tun haben. Auch Freud gebrauchte in seinen soziologisch gestimmten Werken (*Das Unbehagen in der Kultur*, *Die Zukunft einer Illusion*) den Ausdruck «der gemeine Mensch», um damit, so wie Mauss, das Durchschnittsindividuum von der aufgeklärten Elite abzugrenzen, das heißt von jenen Individuen, die in der Lage sind, sich selbst zum Gegenstand eines reflektierten Verhaltens zu machen.

Freud ist sich freilich bewusst, dass der entfremdete Mensch, von dem er spricht – den Institutionen entfremdet, zum Beispiel der Religion –, der ganze Mensch und zugleich jeder Mensch ist, angefangen bei Freud selbst und jedem anderen, der imstande ist, die Mechanismen und Auswirkungen der Entfremdung an sich selbst wahrzunehmen. Diese notwendige Entfremdung ist es auch, die Lévi-Strauss meint, wenn er in seiner «Einleitung in das Werk von Marcel Mauss» schreibt, genaugenommen sei der, den wir geistig gesund nennen, gerade derjenige, der sich entfremdet, weil er bereit ist, in einer Welt zu leben, die einzig durch das Verhältnis von Ich und anderem bestimmt werden kann.

Bekanntlich hat Freud Selbstanalyse betrieben. Den Anthropologen stellt sich heute die Frage, wie sie in ihrer Analyse die Subjektivität der von ihnen Beobachteten wahren können, also letzten Endes und angesichts der neuartigen Stellung, die das Individuum in unseren Gesellschaften einnimmt, in welcher Weise die Bedingungen von Repräsentativität neu zu fassen sind. Man kann nicht ausschließen, dass der Anthropologe dem Beispiel Freuds folgt und sich als Eingeborenen der eigenen Kultur begreift, alles in allem als privilegierten Informanten, und dass er sich auf das Wagnis einer Auto-Ethnoanalyse einlässt.

Neben der erhöhten Bedeutung, die wir heute der individuellen Referenz oder, wenn man so will, der Individualisierung der Referenzen beimessen, sollten wir unsere Aufmerksamkeit den Singularitäten widmen: Singularität der Objekte, Singularität der Gruppen oder Zugehörigkeiten, der Rekomposition von

Orten, Singularitäten aller Art, die den paradoxen Kontrapunkt zur Herstellung von Beziehungen, zur Beschleunigung und zur Delokalisierung bilden, die allzu rasch entdifferenziert und auf Parolen wie «Homogenisierung der Kultur» und «Schaffung einer Weltkultur» eingeschworen werden.

Eine Anthropologie des Hier und Jetzt verlagert den Akzent von der Methode auf das Objekt. Gewiss haben Fragen der Methode wesentliche Bedeutung und lassen sich vielfach gar nicht von solchen des Objekts trennen. Aber die Frage des Objekts hat den Status einer Voraussetzung, einer zweifachen Voraussetzung, denn bevor wir uns den neuen sozialen Formen, den neuen Empfindungsweisen oder den neuen Institutionen zuwenden, die als charakteristische Merkmale des Hier und Jetzt erscheinen mögen, müssen wir den Blick auf die umfassenden Kategorien richten, mit deren Hilfe die Menschen ihre Identität und ihre wechselseitigen Beziehungen denken. Die drei Figuren des Übermaßes, mit denen wir die Übermoderne zu kennzeichnen versucht haben (die Überfülle der Ereignisse, die Überfülle des Raumes und die Individualisierung der Referenzen), gestatten es, diese Situation zu erkunden, ohne ihre Komplexität und ihre Widersprüche zu vertuschen, aber auch ohne sie zum unüberschreitbaren Horizont einer verlorenen Moderne zu machen, die uns nur noch die Möglichkeit beließe, ihre Spuren zu sichern, ihre Signale aufzuzeichnen und ihre Archivbestände zu inventarisieren. Das einundzwanzigste Jahrhundert wird eines der Anthropologie sein, und zwar nicht nur deshalb, weil die drei Figuren des Übermaßes bloß die gegenwärtige Form eines Rohstoffes markieren, der immer den Stoff der Anthropologie bilden wird, sondern auch, weil die Komponenten in der Situation der Übermoderne (wie in jener, welche die Anthropologie unter dem Begriff der Akkulturation untersucht hat) sich wechselseitig addieren, ohne einander zu zerstören. So wird man denn all jene beruhigen können, deren Leidenschaft den von der Anthropologie untersuchten Phänomenen gilt (von den Heiratspraktiken bis hin zur Religion, vom Austausch bis hin zu den Machtverhältnissen, von der Besessenheit bis hin zur Zauberei): Es gibt keinen Grund zu der Befürchtung, dass sie verschwinden werden, weder in Afrika noch in Europa. Aber sie werden sich mit dem Rest arrangieren (und einen neuen Sinn annehmen) in einer Welt, die sich gewandelt hat und die den Anthropologen auch morgen vor die Aufgabe stellen wird, ihre Rationalität und ihre Irrationalität zu begreifen.

DER ANTHROPOLOGISCHE ORT

Der Ort, den der Ethnologe und jene, von denen er spricht, gemein haben, ist im präzisen Sinne ein Ort: der Ort, den die Eingeborenen einnehmen, die dort leben und arbeiten, die ihn verteidigen, seine herausragenden Zeichen bestimmen, seine Grenzen bewachen, aber auch nach den Spuren der unterirdischen oder himmlischen Mächte, der Ahnen oder Geister fahnden, die ihn bevölkern und seine innerste Geographie beleben, als wäre das kleine Teil Menschheit, das ihnen an diesem Ort huldigt und opfert, zugleich die Quintessenz, als gäbe es Humanität, die dieses Namens würdig ist, einzig am Ort des Kultes, den man ihr weiht.

Und der Ethnologe bemüht sich seinerseits, eine Ordnung durch die Organisation des Ortes hindurch zu entschlüsseln (die ständig postulierte und markierte Grenze zwischen der wilden und der kultivierten Natur, die dauerhafte oder provisorische Aufteilung des bebauten Bodens oder der Fischgewässer, den Grundriss des Dorfes, die Gliederung des Wohngebiets und die Residenzregeln, kurz: die ökonomische, soziale, politische und religiöse Geographie der Gruppe), eine Ordnung, die umso verbindlicher und jedenfalls umso offenkundiger ist, als die Transkription in den Raum ihr den Anschein einer zweiten Natur verleiht. Der Ethnologe versteht sich als der subtilste und zugleich gelehrteste unter den Eingeborenen.

Der dem Ethnologen und den Eingeborenen gemeinsame Ort ist in gewissem Sinne (nämlich im Sinne des «Findens») eine Erfindung: Er ist von jenen entdeckt worden, die ihn für sich beanspruchen. Die Gründungserzählungen berichten nur selten von Autochthonen, vielmehr verknüpfen sie meist die

Ortsgeister und die ersten Bewohner mit den gemeinsam bestandenen Abenteuern einer wandernden Gruppe. Die soziale Markierung des Territoriums ist umso notwendiger, als sie nicht immer die erste ist. Der Ethnologe stößt auf diese Markierung. Manchmal wecken seine Suche und seine Neugier erst wieder das Interesse der von ihm Erforschten an ihren eigenen Ursprüngen, die durch das aktuelle Geschehen verdunkelt sind und zuweilen gänzlich verschüttet worden waren, zum Beispiel durch die Landflucht, durch Neubesiedlung oder durch die Ausdehnung der industriellen Kulturen.

Natürlich liegt diesem zweifachen Erfinden eine Realität zugrunde, die ihm den Rohstoff und das Objekt liefert. Aber es können auch Phantasiegebilde und Illusionen daraus erwachsen: Phantasien der Eingeborenen über eine Gesellschaft, die seit unvordenklichen Zeiten in einem unantastbaren Territorium verwurzelt ist, jenseits dessen nichts als wirklich gedacht werden kann; die Illusion des Ethnologen über eine Gesellschaft, die sich selbst so transparent ist, dass sie sich noch im geringsten ihrer Bräuche, in jeder einzelnen Institution und in der Gesamtpersönlichkeit jedes ihrer Mitglieder artikuliert. Die systematische Aufgliederung der Natur, die von allen Gesellschaften, selbst den nomadischen, vorgenommen wird, stützt die Phantasie und schürt die Illusion.

Die Phantasie der Eingeborenen zeigt das Bild einer geschlossenen, ein für allemal begründeten Welt, die nicht wirklich noch erkannt werden müsste. Man kennt bereits alles, was erkannt werden könnte: den Boden, den Wald, die Quellen, die bemerkenswerten Punkte, die Kultstätten, die Heilkräuter, und man weiß auch von den zeitlichen Dimensionen im Zustand der Orte, deren festgefügte Stabilität in den Ursprungsberichten und im Ritualkalender postuliert wird. Allenfalls gilt es, *sich darin wiederzuerkennen*. Das unvorhergesehene Ereignis, selbst wenn es unter rituellem Vorzeichen vorhersehbar und wiederkehrend ist wie Geburt, Krankheit und Tod, bedarf der Deutung nicht, damit es im strengen Sinne erkannt, sondern damit es wiedererkannt wird, das heißt, damit es einem Diskurs, einem Diagnoseverfahren mit bereits festgelegten Ausdrücken zugänglich wird, dessen Botschaft die Hüter der kulturellen Orthodoxie und der sozialen Syntax nicht zu schockieren vermag. Dass die Ausdrücke dieses Diskurses vielfach räumlicher Art sind, kann dabei nicht überraschen, denn das räumliche Dispositiv bringt einerseits die Identität der Gruppe zum Vorschein (die Ursprünge der Gruppe sind vielfach verschieden, aber die Identität des Ortes sorgt für ihre Begründung als Gruppe wie für ihre Einheit), und andererseits bezeichnet es das, was die Gruppe gegen äußere und innere Bedrohungen verteidigen muss, wenn es überhaupt einen Sinn haben soll, von Identität zu sprechen.

Eine meiner ersten Erfahrungen als Ethnologe, die Befragung der Leiche bei den Alladian, war dafür beispielhaft, umso mehr, als sie in Westafrika unter wechselnden Formen weit verbreitet ist und ähnliche Techniken auch anderswo auf der Erde zu finden sind. Die Zeremonie bestand grob gesprochen darin, die Leiche zu befragen, ob der für ihren Tod Verantwortliche sich außerhalb der Alladian-Dörfer oder in einem von ihnen befand, und auch, ob im selben Dorf, in dem die Zeremonie stattfand, oder außerhalb (und in diesem Falle wiederum, ob östlich oder westlich des Dorfes), ob innerhalb oder außerhalb der eigenen Sippe, des eigenen Hauses usw. Dabei kam es gelegentlich vor, dass die Leiche ihre Träger im langsamen Fortgang der Befragung zu einer «Hütte» führte und deren Zaun oder Eingangstür eindrückte, wodurch sie den Fragenden mitteilte, dass sie nicht weiter zu suchen hätten. Besser kann man gar nicht zum Ausdruck bringen, dass die Gruppenidentität (in diesem Falle die der zusammengesetzten Gruppe, welche die Alladian bilden), zu der es offenkundig einer guten Beherrschung der gruppeninternen Spannungen bedarf, sich über eine ständig erneuerte Überprüfung des Zustands der äußeren und inneren Grenzen herstellt – die nahezu anlässlich jedes individuellen Todes erneut gezogen und bestätigt werden müssen.

Das Phantasma des wohlgegründeten und ständig aufs Neue zu gründenden Ortes ist nur zu einem Teil Phantasie. Zunächst einmal funktioniert es gut, oder es hat gut funktioniert: Boden erhielt seinen Wert, die Natur wurde domestiziert, die Reproduktion der Generationen gesichert; in diesem Sinne haben die Territorialgötter das Territorium wohlbehütet. Das Territorium hat sich gegen die Bedrohung durch äußere Angriffe und innere Spaltung gehalten, was bekanntlich nicht immer der Fall ist; auch in diesem Sinne haben die Praktiken des Wahrsagens und der Voraussicht ihre Wirksamkeit bewiesen. Diese Wirksamkeit läßt sich im Kontext der Familie, der Sippen, des Dorfes oder der Gruppe ablesen. Jene, die sich um die punktuellen Peripetien kümmern, die partikulare Probleme klären und lösen, sind stets zahlreicher als jene, die ihnen zum Opfer fallen oder von ihnen in Frage gestellt werden: Alle halten sich, und alles hält sich.

Nur zu einem Teil Phantasie sind sie auch deshalb, weil niemand an der Realität des gemeinsamen Ortes zweifelt und ebenso wenig an den Mächten, die ihn bedrohen oder beschützen; auch wusste und weiß jeder von der Realität der übrigen Gruppen (in Afrika handeln viele Gründungsberichte zunächst von Krieg und Flucht), desgleichen von der Realität der übrigen Götter und von der Notwendigkeit, Frauen anderswo zu erwerben oder zu rauben. Es kann gar kein Zweifel bestehen, dass gestern mehr noch als heute das Bild einer geschlossenen, sich selbst genügenden Welt für jene, die es verbreiteten und sich aufgrund ihres Amtes damit identifizierten, durchaus nicht nur ein nützliches und unabdingbares Bild gewesen ist, keine Täuschung, sondern ein Mythos, annähernd in dieser Weise dem Boden eingeschrieben und ebenso zerbrechlich wie das Territorium, dessen Besonderheit er stiftete, ein Sujet, das wie die Grenzen korrigiert werden mag, das jedoch eben deshalb dazu verurteilt ist, von der letzten Wanderung wie von der Urgründung zu sprechen.

An diesem Punkt vereinigt sich die Illusion des Ethnologen mit der Halbphantasie des Eingeborenen. Auch sie ist nur zu einem Teil Illusion. Denn obwohl der Ethnologe offensichtlich versucht ist, die von ihm Erforschten mit dem Land, in dem er sie antrifft, und dem Raum, den sie gestaltet haben, zu identifizieren, so kennt er doch ebenso gut wie sie die Wechselfälle ihrer Geschichte, ihre Mobilität, die Vielzahl der Räume, auf die sie sich berufen, und das Provisorium der zugehörigen Grenzen. Auch kann er wie sie versucht sein, die aktuellen Erschütterungen am illusorischen Maßstab einer vergangenen Stabilität zu messen. Wenn Bulldozer das Gelände einebnen und die jungen Leute in die Stadt abwandern oder wenn sich «Allochthone» niederlassen, dann verlöschen hier im konkretesten, nämlich im räumlichen Verstande mit den Merkzeichen des Territoriums auch die der Identität.

Aber darin liegt nicht die entscheidende Versuchung, die eine intellektuelle ist und von der die ethnologische Tradition seit langem zeugt. Wir wollen sie unter Verwendung eines Begriffs, den diese Tradition selbst häufig ausgespielt und verspielt hat, die «Versuchung der Totalität» nennen. Kehren wir einen Augenblick zu dem Gebrauch zurück, den Marcel Mauss vom Begriff der totalen sozialen Tatsache macht, und zu dem Kommentar, den Lévi-Strauss dazu gibt. Der totale Charakter der sozialen Tatsache verweist für Mauss auf andere Totalitäten: die

Summe der verschiedenen Institutionen, aus denen sie besteht, aber auch auf die Gesamtheit der Dimensionen, über die sich die Individualität all derer definiert, die sie leben und daran teilhaben. Lévi-Strauss hat diese Ansicht vorzüglich zusammengefasst, als er sagte, die totale soziale Tatsache sei in erster Linie die total wahrgenommene soziale Tatsache, also die soziale Tatsache, in deren Interpretation jene Anschauung integriert ist, die jeder beliebige Eingeborene, der sie lebt, davon haben könnte. Dieses Ideal einer erschöpfenden Interpretation, die jeden Romancier entmutigen müsste, weil sie eine extreme Vielfalt der Imagination von ihm verlangt, beruht auf einer ganz speziellen Vorstellung vom «Durchschnittsmenschen», der seinerseits als etwas «Totales» definiert ist, weil er im Unterschied zu den Mitgliedern der modernen Elite «in seinem ganzen Wesen von der geringsten seiner Wahrnehmungen oder durch den geringsten mentalen Schock affiziert» wird (Bd. II, S. 169). «Durchschnittsmenschen» sind in der modernen Gesellschaft für Mauss alle, die nicht zur Elite zählen. Aber das Archaische kennt nur den Durchschnitt. Die «Durchschnittsmenschen», das sind «fast alle Menschen der archaischen oder rückständigen Gesellschaften», insofern sie eine Verletzlichkeit und eine Durchlässigkeit gegenüber der unmittelbaren Umgebung aufweisen, die es letztlich gestatten, sie als «total» zu definieren.

Es liegt keineswegs auf der Hand, dass die moderne Gesellschaft in den Augen von Marcel Mauss ein beherrschbares ethnologisches Objekt bildet. Denn das ethnologische Objekt sind für ihn die in Zeit und Raum lokalisierten Gesellschaften. Auf dem idealen Terrain des Ethnologen (dem der «archaischen oder rückständigen» Gesellschaften) sind alle Menschen «Durchschnittsmenschen» (wir könnten auch sagen, sie sind «repräsentativ»); die Lokalisierung in Zeit und Raum lässt sich dort leicht bewerkstelligen: Sie gilt für alle gleichermaßen, und die Aufteilung in Klassen, die Wanderungsbewegungen, die Verstädterung, die Industrialisierung haben weder die Zahl der Dimensionen verringert noch die Lektüre getrübt. Hinter der Idee der Totalität und der lokalisierten Gesellschaft steht der Gedanke einer wechselseitigen Transparenz von Kultur, Gesellschaft und Individuum.

Die Idee der Kultur als Text, eine der letzten Ausprägungen des amerikanischen Kulturalismus, ist bereits vollständig angelegt in der Idee der lokalisierten Gesellschaft. Wenn Mauss zur Illustration der Notwendigkeit, in die Analyse der totalen sozialen Tatsache die eines «beliebigen Individuums» zu integrieren, auf «den Melanesier von der Insel Soundso» verweist, dann ist es gewiss bezeichnend, dass er den bestimmten Artikel gebraucht (dieser Melanesier ist ebenso ein Prototyp wie zahlreiche andere, die zu anderen Zeiten an anderen Orten in den Rang exemplarischer ethnologischer Subjekte erhoben werden); es heißt aber auch, dass eine Insel (eine kleine Insel) exemplarisch als hervorragender Ort der kulturellen Totalität ausgezeichnet wird. Die Umrisse und Grenzen einer Insel lassen sich unschwer aufzeichnen; die Ströme des Verkehrs und des Austauschs zwischen den Inseln eines Archipels bilden ein Netz stabiler und bekannter Bahnen, die eine klare Grenze zwischen der Zone relativer Identität (als solcher erkannter Identität und fest eingerichteter Beziehungen) und der Außenwelt, der Welt des absolut Fremden, markieren. Für den Ethnologen, der singuläre Besonderheiten entziffern will, wäre es ideal, wenn jede Ethnie eine Insel wäre, eine Insel, die zwar mit anderen Inseln in Verbindung stünde, sich aber von jeder anderen unterschiede, wobei jeder Bewohner der Insel das exakte Homologon seines Nachbarn wäre.

Die Mängel der kulturalistischen Auffassung von Gesellschaft, soweit sie sich als systematisch versteht, sind offenkundig: Wer jede einzelne Kultur substantialisiert, der verkennt deren intern prekären Charakter, von dem ihre Reaktionen auf andere Kulturen und auf historische Erschütterungen zeugen; er verkennt zudem die Komplexität eines sozialen Geflechts und individueller Positionen, die sich niemals aus dem kulturellen «Text» ableiten lassen. Wir dürfen freilich auch nicht den Teil Realität ignorieren, der in den Phantasiebildern der Eingeborenen und in der Illusion der Ethnologen aufbewahrt ist: Die Organisation des Raumes und die Konstituierung von Orten gehören zu den Einsätzen und Modalitäten der kollektiven und individuellen Praxis innerhalb ein und derselben sozialen Gruppe. Die Kollektive (oder die Personen, die sie leiten) sind ebenso wie die Individuen, die diesen Kollektiven zugehören, darauf angewiesen, Identität und Relation zugleich zu denken und dazu die Bestandteile der (von der ganzen Gruppe geteilten) Identität ebenso zu symbolisieren wie die besondere Identität (einer Gruppe oder eines Individuums im Verhältnis zu anderen) und die singuläre Identität (des Individuums oder der Gruppe von Individuen, soweit sie einander nicht gleichen). Die «Bearbeitung» des Raumes ist eines der Instrumente, mit deren Hilfe dies geschieht, und es kann nicht erstaunen, wenn der Ethnologe versucht ist, den Weg in umgekehrter Richtung, also vom Raum zum Sozialen, zu gehen, als hätte das Soziale den Raum ein für allemal hervorgebracht. Dieser Weg ist seinem Wesen nach «kulturell», denn da er über die sichtbarsten, stabilsten und bekanntesten Zeichen der sozialen Ordnung führt, beschreibt er im selben Zuge deren Ort, der damit zugleich als gemeinsamer Ort bestimmt ist.

Wir wollen den Ausdruck «anthropologischer Ort» jener konkreten und symbolischen Konstruktion des Raumes vorbehalten, die für sich allein nicht die Wechselfälle und Widersprüche des gesellschaftlichen Lebens zum Ausdruck zu bringen vermöchte, auf die sich jedoch all jene beziehen, denen sie einen Platz zuweist, so niedrig oder bescheiden er auch sein mag. Gerade weil für jede Anthropologie unter anderem gilt, dass sie sich als Anthropologie der Anthropologie des anderen darbietet, ist der Ort, der anthropologische Ort, das Sinnprinzip für jene, die dort leben, und das Erkenntnisprinzip für jene, die ihn beobachten. Der anthropologische Ort hat mehrere Ebenen. Das kabylische Haus mit seiner dunklen und seiner hellen, seiner männlichen und seiner weiblichen Seite; die Hütte der Mina oder Ewe mit ihrem *legba* des Inneren, das den Schlafenden vor seinen eigenen Trieben schützt, und dem *legba* der Schwelle, das ihn gegen äußere Angriffe feit; die dualistischen Organisationsweisen, die ihren Abdruck häufig in einer materiellen und sichtbar auf dem Boden gezogenen Grenze finden und die unmittelbar oder mittelbar die Heiratspraktiken, den Tausch, die Spiele und die Religion steuern; die Dörfer der Ebrie oder Atye, deren Dreiteilung das Leben der Sippen und Altersklassen ordnet – all das sind Orte, deren Analyse Sinn hat, weil sie mit Sinn aufgeladen sind und jeder neue Weg, jede rituelle Wiederholung ihre Notwendigkeit bestärkt und bestätigt.

Diese Orte haben zumindest drei Merkmale gemein. Sie verstehen sich (sie werden verstanden) als identisch, relational und historisch. Der Grundriss des Hauses, die Residenzregeln, die Zonen des Dorfes, die Altäre, die öffentlichen Plätze, die Aufteilung des Territoriums entsprechen jeweils einer Gesamtheit von Möglichkeiten, Vorschriften und Verboten, deren Inhalt sowohl räumlich wie sozial konnotiert ist. Geboren werden heißt an einem Ort geboren werden und eine Wohnstatt zugewiesen bekommen. In diesem Verstande ist der Geburtsort konstitutiv für die individuelle Identität, und in Afrika kommt es vor, dass ein Kind, das zufällig außerhalb des Dorfes geboren wird, einen besonderen Namen erhält, der auf ein Element jenes Terrains verweist, wo es zur Welt kam. Der Geburtsort gehorcht dem Gesetz des «Eigenen» (und des Eigennamens), von dem Michel de Certeau spricht. Louis Marin dagegen übernimmt von Furetière die aristotelische Definition des Ortes («Erste unbewegliche Oberfläche eines Körpers, der einen anderen Körper umgibt, oder einfacher gesagt: der Raum, in dem ein Körper sich befindet«[1]) und zitiert das Beispiel, das dieser anführt: «Jeder Körper hält seinen Ort besetzt.» Aber dieses singuläre, exklusive Besetzen trifft eher auf die Leiche im Grabe zu als auf den Körper, der geboren wird und lebt. Auf dem Gebiet der Geburt und des Lebens ist der eigene Ort ebenso wie die absolute Individualität schwieriger zu bestimmen und zu denken. Michel de Certeau erblickt im Ort die Ordnung, «nach der Elemente in Koexistenzbeziehungen aufgeteilt werden»; er schließt zwar aus, dass zwei Dinge sich zur selben Zeit an derselben «Stelle» befinden, und er sagt, dass jedes Element des Ortes sich neben den anderen befinde, an einer eigenen «Stelle»; aber er beschreibt den Ort als eine «momentane Konstellation von festen Punkten» (S. 218), was heißt, dass an ein und demselben Ort durchaus verschiedene, singuläre Elemente koexistieren können und dass man ihre Relationen und die gemeinsame Identität, die ihnen aus ihrem gemeinsamen Ort erwächst, durchaus zu denken vermag. So sorgen die Residenzregeln, die dem Kind seinen Platz zuweisen (bei der Mutter zumeist, aber im selben Zuge auch beim Vater, beim Mutter-Onkel oder bei der Großmutter mütterlicherseits), für seine Situierung innerhalb einer Gesamtkonfiguration, deren Einschreibung auf dem Boden es mit anderen teilt.

Historisch schließlich ist der Ort notwendig von dem Augenblick an, da er sich in der Verknüpfung von Identität und Relation durch ein Minimum an Stabilität bestimmt. Er ist es

1 Louis Marin, «Le lieu du pouvoir à Versailles», in: *La Production des lieux exemplaires*, Les Dossiers des séminaires TTS, Paris 1991, S. 89.

umso mehr, als diejenigen, die dort leben, Merkzeichen zu erkennen vermögen, die nicht das Objekt von Erkenntnis zu sein brauchen. Der anthropologische Ort ist für sie in genau dem Maße historisch, in dem er der Geschichte als Wissenschaft entgeht. Dieser Ort, den die Ahnen geschaffen haben («Lieber lebe ich an dem Ort, den die Ahnen geschaffen haben ...»), dieser Ort, den die kürzlich Verstorbenen mit Zeichen erfüllen, die es zu bannen oder zu deuten gilt, dessen schützende Mächte in den regelmäßigen Abständen eines präzisen Ritualkalenders geweckt und reaktiviert werden müssen, dieser Ort ist das Gegenstück zu den «Orten der Erinnerung», von denen Pierre Nora ganz richtig meint, dass wir dort vor allem unser Anderssein erkennen, das Bild dessen, was wir nicht mehr sind. Der Bewohner des anthropologischen Ortes lebt in der Geschichte, er macht sie nicht. Der Unterschied zwischen diesen beiden Beziehungen zur Geschichte ist zum Beispiel für Franzosen meines Alters noch spürbar, sofern sie die vierziger Jahre erlebt haben und in ihrem Dorf (vielleicht auch nur in den Ferien) an der Fronleichnamsprozession, der Betwoche oder dem Jahresfest eines örtlichen Schutzpatrons teilnehmen konnten, dessen Figur die übrige Zeit des Jahres in einer dunklen Ecke der Kapelle stand. Denn wenn diese Prozessionen und Bittandachten verschwunden sind, so sprechen sie uns anders als andere Kindheitserinnerungen nicht nur von der Zeit, die vergeht, oder vom Individuum, das sich verändert; sie sind wirklich verschwunden, oder vielmehr: sie haben sich verwandelt. Die Feste werden immer noch von Zeit zu Zeit gefeiert, so wie man auch das Dreschen nach alter Tradition jeden Sommer wiederbelebt; die Kapelle ist renoviert worden, und manchmal gibt man dort ein Konzert oder führt ein Theaterstück auf. Diese Inszenierung entlockt manchem älteren Einwohner der Region ein verwundertes Lächeln oder ein paar rückwärtsgewandte Kommentare;

er sieht wie aus großer Entfernung Orte, an denen er einst alltäglich zu leben glaubte, während man ihn nun dazu einlädt, sie als ein Stück Geschichte zu betrachten. Als Zuschauer seiner selbst, als Tourist im allernächsten Nahbereich, ist es ihm kaum möglich, Veränderungen bloßer Nostalgie oder Erinnerungsphantasien zuzuschreiben, von denen der Raum doch objektiv Zeugnis ablegt, ein Raum, in dem er weiterhin lebt und der nicht mehr der Ort ist, an dem er einmal gelebt hat.

Allerdings ist der intellektuelle Status des anthropologischen Ortes zweideutig. Er ist nichts anderes als die partiell materialisierte Vorstellung, die seine Bewohner sich von ihrem Verhältnis zum Territorium, zu ihren Angehörigen und zu den anderen machen. Diese Vorstellung kann fragmentarisch oder mythifiziert sein. Sie variiert je nach der Stellung oder dem Standort, die der Einzelne einnimmt. Dennoch bietet sie uns eine Reihe von Orientierungspunkten an oder drängt sie uns auf; diese Orientierungspunkte haben gewiss nichts mit der Harmonie der Wildnis oder mit dem verlorenen Paradies zu tun, doch wenn sie verschwinden, hinterlassen sie eine Lücke, die nicht leicht zu füllen ist. Wenn der Ethnologe seinerseits so empfänglich für alles ist, was in der Projektion der von ihm Beobachteten und dem Niederschlag, den es in der Gliederung des Bodens findet, auf Abschließung hindeutet, auf die bewusste Kontrolle der Außenbeziehung, auf die Immanenz des Göttlichen im Menschlichen, auf die Nähe von Sinn und die Notwendigkeit des Zeichens, so deshalb, weil er in sich das Bild trägt und das Bedürfnis wahrnimmt.

Verweilen wir einen Augenblick bei der Definition des anthropologischen Ortes, so stellen wir fest, dass er zunächst geometrischer Art ist. Er lässt sich auf der Basis dreier einfacher räumlicher Formen fassen, die auf verschiedene institutionelle Dispositive anwendbar sind und in gewisser Weise die elementaren Formen des sozialen Raumes bilden. Geometrisch gesprochen handelt es sich um die Linie, das Schneiden von Linien und den Schnittpunkt. Konkret und in der Geographie, die uns allgemein vertrauter ist, können wir einerseits von Bahnen, Achsen oder Wegen sprechen, die von einem Ort zu einem anderen führen und die von den Menschen geschaffen worden sind, andererseits von Kreuzungspunkten und Plätzen, an denen die Menschen einander begegnen und sich versammeln und denen sie zuweilen beträchtliche Ausmaße verliehen haben, damit sie, vor allem die Marktplätze, den Anforderungen des ökonomischen Austauschs genügen, und schließlich von mehr oder weniger monumentalen Zentren religiöser oder politischer Art, die von bestimmten Menschen erbaut worden sind und nun ihrerseits Räume und Grenzen definieren, jenseits deren andere Menschen sich als andere definieren, jeweils im Verhältnis zu anderen Zentren und anderen Räumen.

«Wege», «Kreuzungen» und «Zentren» sind keine Begriffe, die absolut unabhängig voneinander wären. Vielmehr überschneiden sie sich in Teilen wechselseitig. Ein Weg kann durch verschiedene ausgezeichnete Punkte führen, die ebenso viele Versammlungsorte repräsentieren; manche Märkte bilden Fixpunkte auf einem Weg und markieren ihn; mag der Markt an sich schon ein Anziehungszentrum sein, der Platz, an dem er sich befindet, kann ein Monument beherbergen (den Altar eines Gottes, den Palast eines Herrschers), das seinerseits das Zentrum eines anderen sozialen Raumes bildet. Der Kombination der Räume entspricht ein gewisses Maß an institutioneller Komplexität: Große Märkte erfordern bestimmte Formen politischer Kontrolle; sie existieren nur dank einem Vertrag, dessen Geltung durch diverse religiöse oder juristische Verfahren gesichert wird; zum Beispiel kann es sich um Orte handeln, an denen ein Burgfriede herrscht. Was die Wege angeht, so führen sie über eine Reihe von Grenzen, die bekanntlich nicht aus sich heraus funktionieren, sondern gewisse Leistungen, etwa ökonomischer oder ritueller Art, gebieten.

Diese einfachen Formen sind kein besonderes Kennzeichen der großen politischen oder wirtschaftlichen Räume; sie definieren gleichermaßen den Raum des Dorfes oder des Hauses. Jean-Pierre Vernant hat in seinem Buch *Mythe et pensée chez les Grecs* sehr schön aufgezeigt, dass in dem Paar Hestia/Hermes Hestia den kreisförmigen Herd in der Mitte des Hauses repräsentiert, den in sich geschlossenen Raum, der in gewisser Weise die Beziehung zu sich selbst symbolisiert, während Hermes, der Gott der Schwelle und der Tür, aber auch der Wegkreuzungen und der Stadttore, für Bewegung und das Verhältnis zum anderen einsteht. Identität und Relation stehen im Zentrum aller räumlichen Dispositive, die von der klassischen Anthropologie untersucht wurden.

Dasselbe gilt für die Geschichte. Denn alle in den Raum eingeschriebenen Relationen schreiben sich auch in die Zeit ein, und die einfachen räumlichen Formen, auf die wir oben hingewiesen haben, konkretisieren sich einzig in der Zeit. Zunächst einmal ist ihre Realität historisch: In Afrika – und andernorts vielfach ebenso – beschreiben die Gründungsberichte der Dörfer oder Königreiche generell einen Weg mit mehreren Zwischenstationen, bevor es zur endgültigen Niederlassung kam. Desgleichen wissen wir, dass Märkte und politische Hauptorte eine Geschichte haben; die einen entstehen, die anderen verschwinden. Die Anerkennung oder Neuschöpfung eines Gottes lässt sich datieren, und für Kulte oder heilige Stätten gilt dasselbe wie für Märkte oder politische Zentren: Ob sie von Dauer sind, ob sie sich ausbreiten oder verschwinden, in jedem Falle ist der Raum ihres Aufstiegs oder Niedergangs ein geschichtlicher Raum.

Die materiell zeitliche Dimension dieser Räume bedarf indessen einer Erläuterung. Die Länge der Wege wird in Stunden oder Tagen gemessen, also in der Zeit, die man benötigt, um sie zurückzulegen. Und Marktplätze verdienen diesen Namen nur an bestimmten Tagen. In Westafrika gibt es Austauschzonen, in denen im Laufe einer Woche eine Rotation der Marktorte und Marktplätze stattfindet. Orte des Kults und der politischen oder religiösen Versammlung sind dies im Allgemeinen nur für Augenblicke und zu festgesetzten Zeiten. Initiationsriten und Fruchtbarkeitsrituale gehorchen regelmäßigen Rhythmen; der religiöse oder soziale Kalender orientiert sich an den landwirtschaftlichen Zyklen, und die Heiligkeit der Orte, an denen die rituellen Aktivitäten sich konzentrieren, ist eine Heiligkeit, die man alternierend nennen könnte. Auf diese Weise formieren sich übrigens die Bedingungen eines Gedächtnisses, das an bestimmte Orte geknüpft ist und deren heiligen Charakter bestärkt. Für Durkheim ist der Begriff des Heiligen in *Die elementaren Formen des religiösen Lebens* mit einem Rückblick verbunden, der seinerseits auf den alternierenden Charakter der Feste und Zeremonien verpflichtet ist. Wenn ihm das jüdische Passahfest und ein Veteranentreffen gleichermaßen als «religiös» oder «heilig» erscheinen, so deshalb, weil sie den Beteiligten nicht nur Gelegenheit bieten, sich des Kollektivs, dem sie angehören, bewusst zu werden, sondern auch deshalb, weil man sich aus diesem Anlass an die voraufgegangenen Feiern erinnert.

Wie die lateinische Etymologie des Wortes anzeigt, ist das Monument der greifbare Ausdruck des Bleibenden oder zumindest der Dauer. Götter brauchen Altäre, Herrscher brauchen Throne und Paläste, wenn sie nicht den Zufällen der Zeitläufte anheimfallen sollen. In gewisser Weise bekundet sich darin eine der Interpretationen der traditionellen afrikanischen Nosologie, wonach eine Krankheit der Einwirkung eines Gottes geschuldet sein kann, der zürnt, weil sein Altar von den Nachfolgern des Erbauers vernachlässigt worden ist. Ohne die Illusion des Monuments wäre die Geschichte in den Augen der Lebenden nichts als eine Abstraktion. Der soziale Raum ist voll von Monumenten, die nicht unmittelbar funktional sind, von imposanten Bauten aus Stein oder von bescheidenen Altären aus Lehm, von denen die meisten Menschen zu Recht annehmen dürfen, dass sie vor ihnen da waren und auch nach ihnen noch da sein werden. Seltsamerweise findet die Kontinuität der Zeit ihren Ausdruck in einer Folge von Brüchen.

Ohne Zweifel beruht die magische Wirkung der Konstruktion des Raumes auf der Tatsache, dass auch der menschliche Körper mit seinen Grenzen und Lebenszentren, seinen Stärken und Schwächen, seinem Panzer und seinen Mängeln als ein Teil des Raums empfunden wird. Jedenfalls in der Sphäre der Vorstellung (die sich in vielen Kulturen allerdings mit der Sphäre der sozialen Symbolik verquickt) ist der Körper ein zusammengesetzter, hierarchisch strukturierter Raum, der von außen eingeschlossen werden kann. Wir kennen Beispiele dafür, dass das Territorium nach dem Bild des menschlichen Körpers gedacht wird; nahezu generell indes wird der Körper als Territorium gedacht. In Westafrika zum Beispiel fasst man die Bestandteile der Persönlichkeit in Begriffen einer Topik, die an die Freudsche Topik erinnern mag, sich aber auf Realitäten bezieht, denen man materielle Stofflichkeit zuschreibt. So definieren in den Zivilisationen der Akan (im heutigen Ghana und an der Elfenbeinküste) zwei «Instanzen» die Psyche des Individuums; vom materiellen Charakter ihrer Existenz zeugt direkt, dass eine von beiden mit dem Schatten gleichgesetzt wird, den der Körper wirft, und indirekt, dass man jede Schwächung des Körpers auf die Schwächung oder das Verschwinden einer dieser «Instanzen» zurückführt. Gesundheit ist dadurch definiert, dass beide «Instanzen» verschmelzen. Wenn man einen Menschen töten kann, indem man ihn plötzlich aufweckt, so deshalb, weil die Gefahr besteht, dass eine dieser «Instanzen», der Doppelgänger, der des Nachts umherschweift, keine Zeit mehr hat, im Augenblick des Erwachens in den Körper zurückzukehren.

Auch die inneren Organe und bestimmte Körperteile (die Lenden, der Kopf, die große Zehe) gelten häufig als autonom, mitunter als Wohnstatt von Ahnen, und sind daher Objekt spezieller Kulte. Auf diese Weise wird der Körper zu einem Ensemble von Kultorten, und man unterscheidet Zonen, die Gegenstand von Salbungs- und Reinigungsritualen sind. So sehen wir denn, dass die oben beschriebene Konstruktion des Raumes ihre Fortsetzung im Körper des Menschen findet. Die Wege des Traums sind voller Gefahren, sobald sie sich allzu weit von dem als Zentrum verstandenen Körper entfernen. In diesem Zentrum begegnen einander Ahnenelemente, und diese Begegnung oder Versammlung macht den Körper insofern zu einem Monument, als sie Sachverhalte einbegreift, die schon vor ihm existiert haben und die vergängliche leibliche Hülle überleben werden. Nach dem Tod wird der Körper zuweilen durch Einbalsamieren oder die Errichtung eines Grabmals vollends zum Monument.

Wir sehen, wie es auf der Basis einfacher räumlicher Formen zu einer Kreuzung und Kombination der individuellen und der kollektiven Erfahrung kommt. Die politische Symbolik nutzt diese Möglichkeiten, um die Macht jener Autorität hervorzukehren, welche die interne Vielfalt eines sozialen Kollektivs in der Einheit einer Herrschergestalt eint und symbolisiert. Zuweilen unterscheidet sie zu diesem Zweck den Körper des Königs von den übrigen Körpern, indem sie dem König mehrere Körper zuspricht. Das Thema der zwei Körper des Königs findet sich nahezu überall in Afrika. So besaß der Herrscher bei den Agni von Sanwi an der Elfenbeinküste einen Doppelgänger, einen ehemaligen Sklaven, den man mit dem Namen einer der beiden oben erwähnten Komponenten oder Instanzen belegte und Ekala nannte. Da der König zwei Körper und zwei Ekala besaß (seine eigenen und die seines Doppelgängers), galt er als besonders geschützt, denn der Körper des Doppelgängers bildete ein Hindernis für Angriffe auf die Person des Königs. Erfüllte er diese Aufgabe nicht und der König starb, folgte ihm sein Ekala selbstverständlich in den Tod. Bemerkenswerter und besser belegt als die Vervielfachung des königlichen Körpers ist indessen die Konzentration oder Verdichtung des Raumes, in dem die Autorität des Herrschers lokalisiert ist. Sehr häufig muss der Herrscher an einem bestimmten Ort residieren, er wird gleichsam zur Unbeweglichkeit verurteilt, muss sich zu bestimmten Zeiten auf dem Thron zeigen, wird seinen Untertanen, seinen «Subjekten», als Objekt präsentiert. Diese passive Massivität des königlichen Körpers hatte Frazer und nach ihm auch Durkheim in Erstaunen versetzt, der darin ein Merkmal erkannte, das zeitlich und räumlich sehr entfernten Reichen wie dem alten Mexiko, dem Königreich Benin in Afrika und dem japanischen Kaiserreich gemeinsam war. Besonders zu beachten an den genannten Beispielen ist dabei die Möglichkeit, dass ein Gegenstand (der Thron, die Krone) oder ein anderer menschlicher Körper den Körper des Herrschers zeitweilig ersetzen und jene Mittelpunktfunktion wahrnehmen kann, die den Herrscher zu langen Stunden steinerner Regungslosigkeit verdammt.

Diese Unbeweglichkeit und die engen Grenzen, in die der Herrscher eingeschlossen ist, schaffen buchstäblich ein Zentrum, das durch die Dauerhaftigkeit der Dynastie noch verstärkt wird und das die interne Vielfalt des sozialen Körpers ordnet und eint. Auch im politischen Diskurs der modernen

Staaten wird die Macht regelmäßig mit dem Ort identifiziert, an dem sie ausgeübt wird, oder mit dem Monument, in dem die Repräsentanten der Macht residieren. Wer vom Weißen Haus oder vom Kreml spricht, der meint damit zugleich monumentale Örtlichkeiten, Personen und Machtstrukturen. Wir sind es gewohnt, ein Land in einer Kette von Metonymien durch seine Hauptstadt und diese wiederum durch das Gebäude zu bezeichnen, das die Regierung beherbergt. Die politische Sprache ist selbstverständlich räumlichen Charakters (und sei es nur, dass sie von links und rechts spricht), und dies zweifellos deshalb, weil sie Einheit und Vielfalt zugleich denken muss – wobei die Idee des Zentrums der angemessenste, bildhafteste und zugleich materiellste Ausdruck dieser zweifachen und widersprüchlichen intellektuellen Anstrengung ist.

Die Begriffe des Weges, des Schnittpunkts, des Zentrums und des Monuments sind nicht bloß nützlich zur Beschreibung der traditionellen anthropologischen Orte. Zum Teil passen sie auch auf den französischen Raum unserer Zeit, insbesondere auf den städtischen Raum. Es mag paradox erscheinen, aber sie gestatten es durchaus, diesen Raum als einen spezifischen Raum zu kennzeichnen, während sie *per definitionem* ebenso viele Vergleichskriterien einbeschließen.

Gemeinhin wird Frankreich als ein zentralisierter Staat bezeichnet. In der politischen Sphäre trifft das gewiss zumindest seit dem siebzehnten Jahrhundert zu. Trotz gewisser Regionalisierungsbestrebungen in den vergangenen Jahren ist das Land auch heute noch in seiner Administration zentralistisch strukturiert (ursprünglich hatte die Französische Revolution sogar das Ideal verfolgt, die Verwaltungsbezirke nach einem streng geometrischen Schema zu gliedern). Und es bleibt auch in der Vorstellung der Franzosen zentralistisch, vor allem aufgrund der Struktur des Straßen- und des Eisenbahnnetzes, die zumindest in ihren Anfängen als zwei Spinnennetze konzipiert wurden, in deren Mittelpunkt sich Paris befindet.

Keine Hauptstadt der Erde ist derart als Hauptstadt entworfen wie Paris; zugleich gibt es keine französische Stadt, die nicht den Ehrgeiz hegte, das Zentrum einer entsprechend kleineren Region zu sein, und die es nicht verstanden hätte, im Laufe der Zeit in ihrer Mitte ein als Monument fungierendes Zentrum zu errichten (wir nennen es *centre-ville*), das diesen Anspruch materialisiert und symbolisiert. Noch die bescheidensten französischen Städte, ja selbst die Dörfer besitzen ein *centre-ville*, an dem die Monumente stehen: die Kirche als Symbol der religiösen Autorität und das Rathaus, die Unterpräfektur oder, in den größeren Städten, die Präfektur als Symbol der staatlichen Macht. Die Kirche (in den meisten Regionen Frankreichs eine katholische) steht an einem Platz, an dem sich die Straßen kreuzen, die durch die Stadt hindurchführen. Das Rathaus ist niemals weit entfernt, allerdings markiert es zuweilen einen eigenständigen Raum; dann finden wir neben dem Kirchplatz auch einen Rathausplatz. Desgleichen finden wir im *centre-ville*, ganz in der Nähe der Kirche oder des Rathauses, stets ein Kriegerdenkmal. Dieses Denkmal ist nicht wirklich ein Kultort, sondern eher ein profanes Monument mit historischer Bedeutung (es ist ein Ehrenmal für die Gefallenen der beiden Weltkriege, deren Namen dort eingraviert sind). An gewissen Festtagen, vor allem am 11. November, gedenken die städtischen Honoratioren und bisweilen Vertreter der Armee derer, die ihr Leben für das Vaterland geopfert haben. Dabei handelt es sich, wie man sagt, um «Gedenkfeiern», und sie entsprechen der erweiterten, also der sozialen Definition, die Durkheim für die religiöse Tatsache vorschlägt. Ohne Zweifel ziehen sie eine besondere Wirksamkeit daraus, dass sie an einem Ort stattfinden, an dem in früheren Zeiten die Nachbarschaft von Lebenden und Toten einen alltäglichen Ausdruck fand – in manchen Städten begegnen uns heute noch Spuren einer räumlichen Anordnung, die bis ins Mittelalter zurückweist, als der Friedhof noch die Kirche umgab und sich mitten im Zentrum des aktiven sozialen Lebens befand.

Das *centre-ville* ist in der Tat ein Ort der Tätigkeit; in der traditionellen Konzeption der Provinzstädte und Dörfer (der Schriftsteller wie Giraudoux oder Jules Romain in der ersten Hälfte unseres Jahrhunderts literarische Gestalt verliehen haben), in den Städten und Dörfern, wie sie sich zur Zeit der Dritten Republik darboten und wie sie sich zu einem Gutteil noch heute darbieten, befindet sich im *centre-ville* eine Reihe von Cafés, Hotels und Geschäften, und zwar nicht weit von dem Platz, an dem Markt abgehalten wird, sofern nicht der Kirchplatz gleichzeitig als Marktplatz dient. An bestimmten Wochentagen (am Sonntag und am Markttag) «belebt» sich das Zentrum, und es gehört zu den Vorwürfen, die immer wieder gegen die neuen, aus einer sowohl technizistischen wie voluntaristischen Städtebaupolitik hervorgegangenen Städte erhoben werden, dass sie kein Äquivalent für die lebendigen Orte böten, die eine ältere und langsamere Geschichte hervorgebracht hat, Orte, an denen die Wege der Einzelnen sich kreuzen und verbinden, an denen Kommunikation stattfindet und die Einsamkeit einen Augenblick vergessen wird, auf den Stufen der Kirche, an der Theke des Cafés, an der Tür der Bäckerei: Der eher träge Rhythmus und die geschwätzige Atmosphäre des Sonntagmorgens sind in der französischen Provinz auch heute noch Realität.

Dieses Frankreich ließe sich als ein Ensemble, eine Traube aus mehr oder minder bedeutsamen Zentren beschreiben, die das Verwaltungshandeln, die Feste und die Geschäftstätigkeit einer Region polarisieren. Die Anordnung der Wege, das heißt das System von Straßen, das die verschiedenen Zentren durch ein eng geknüpftes Netz von Nationalstraßen (zwischen Zentren von landesweiter Bedeutung) und von Départementalstraßen (zwischen Zentren regionaler Bedeutung) verbindet, bringt diese polyzentrische und hierarchische Ordnung gut zum Ausdruck: Auf den Kilometersteinen, die in regelmäßigen Abständen an der Straße stehen, war früher jeweils die Entfernung zur nächstgelegenen Ortschaft und zur nächsten größeren Stadt verzeichnet; heute finden sich diese Angaben meist auf großflächigen, leichter lesbaren Schildern, was der Verdichtung und Beschleunigung des Verkehrs entspricht.

Jede Stadt und jede Ortschaft in Frankreich hat den Ehrgeiz, das Zentrum eines besonderen Raumes oder zumindest einer speziellen Tätigkeit zu sein. Während Lyon, das durchaus eine Metropole ist, für sich unter anderem den Titel einer «Hauptstadt der Gastronomie» beansprucht, kann eine Kleinstadt wie Tiers sich als «Hauptstadt der Schneiderwarenindustrie» rühmen, ein großes Dorf wie Digouin nennt sich «Hauptstadt der Töpferei» und ein Dorf wie Janzé «Wiege des Landhuhns». Diese Prestigetitel findet man heute jeweils am Ortseingang angeschlagen, neben den Hinweisen auf europäische Partnergemeinden oder Partnerstädte. Solche Informationen, die gewissermaßen einen Beleg für Modernität und für die Integration in den neuen europäischen Wirtschaftsraum liefern, teilen sich den Platz mit anderen Signalen (und anderen Schildern), die für historische Sehenswürdigkeiten des jeweiligen Ortes werben: Kirchen aus dem vierzehnten oder fünfzehnten Jahrhundert, Schlösser, Megalithen, Museen für diverse Handwerksprodukte, für Spitzen, für Töpferei usw. Der Anspruch auf historisches Gewicht verbindet sich hier mit dem Anspruch auf Weltoffenheit, als wäre das eine der Ausgleich für das andere. Jede Stadt und jedes Dorf pochen auf ihre Geschichte und präsentieren sie dem eiligen Autofahrer auf einer Serie von Schildern, die gleichsam als Visitenkarten fungieren. Den historischen Kontext nachdrücklich zu illuminieren ist neuen Datums und geht mit einer Reorganisation des Raumes einher (mit dem Bau von Umgehungsstraßen und von Autobahnen, deren Trassen die Ortschaften weiträumig umgehen), und diese Reorganisation tendiert ihrerseits dazu, den historischen Kontext kurzzuschließen, indem sie die Monumente, die von der Geschichte zeugen, umgeht. Man kann also durchaus von dem Versuch sprechen, den Vorüberfahrenden, den Touristen zu verführen und zurückzuhalten; doch wenn diesem Versuch Erfolg beschieden ist, dann gründet dieser Erfolg in dem Bedürfnis nach Geschichte und einer in der Region verwurzelten Identität, das für die französische Befindlichkeit der letzten zwanzig Jahre fraglos charakteristisch ist. Das historische Monument wird als Authentizitätsbeweis aufgefasst, der aus sich heraus Beachtung verdient. Hier öffnet sich eine Kluft zwischen der gegenwärtigen Landschaft und der Vergangenheit, auf die sie verweist. Dieser Verweis auf die Vergangenheit lässt die Gegenwart komplexer werden.

Allerdings hat der städtische und dörfliche Raum in Frankreich durch die Benennung der Straßen schon immer eine minimale historische Dimension für sich reklamiert. Die Namen von Straßen und Plätzen geben von alters her Anlass zum Gedenken. Gewiss, es ist Tradition, dass bestimmte Monumente mit einer Redundanz, die sehr wohl ihren Reiz hat, den Straßen, die dorthin führen, oder den Plätzen, an denen sie stehen, ihren Namen geben. Die Zahl der Bahnhofsstraßen, Theaterstraßen und Rathausplätze ist gar nicht mehr zu zählen. Zumeist aber sind es Persönlichkeiten des lokalen oder nationalen Lebens oder große Ereignisse der nationalen Geschichte, die den Arterien der Städte und Dörfer ihre Namen leihen. Wollte man eine Exegese sämtlicher Straßennamen vornehmen, die sich in einer Metropole wie Paris finden, so müsste man die ganze Geschichte

Frankreichs aufbieten, von Vercingetorix bis zu de Gaulle. Wer regelmäßig mit der Métro fährt und mit den Namen der Stationen vertraut ist, die auf die Straßen oder Monumente an der Oberfläche hinweisen, der hat teil an diesem alltäglichen, mechanischen Eintauchen in die Geschichte, das jeder kennt, der zu Fuß durch Paris geht und für den Alésia, Bastille oder Solférino eher räumliche Orientierungshilfen als Geschichtslektionen bezeichnen.

Die Wege und Kreuzungen in Frankreich gemahnen an «Monumente» (Monumente im Sinne von Zeugnissen und Erinnerungsstücken) insofern, als ihr Name sie mit Geschichte sättigt. Die ständige Beschwörung des Historischen führt zu zahlreichen Überschneidungen zwischen den Bezeichnungen von Straßen, Kreuzungen und Denkmälern. Diese Überschneidungen bekunden sich besonders deutlich in den Städten (und vornehmlich in Paris), wo der historische Appell niemals verstummt. Paris besitzt kein Zentrum; auf den Straßenschildern wird es bisweilen durch eine schematische Zeichnung des Eiffelturms, manchmal durch den Hinweis «Paris-Notre-Dame» gekennzeichnet, wobei Letzteres auf den alten Kern der Hauptstadt anspielt, die Ile de la Cité, die, von den Armen der Seine gerahmt, mehrere Kilometer vom Eiffelturm entfernt liegt. Paris hat also mehrere Zentren. Auf der Verwaltungsebene ist eine Mehrdeutigkeit zu vermerken, die in unserem politischen Leben immer wieder Probleme erzeugt hat (worin wiederum zum Ausdruck kommt, wie zentralistisch es tatsächlich ist): Paris ist eine Stadt, die in zwanzig Arrondissements gegliedert ist, und zugleich ist es die Hauptstadt Frankreichs. Die Pariser haben bei mehreren Gelegenheiten geglaubt, die Geschichte Frankreichs zu machen, eine Überzeugung, die in der Erinnerung an 1789 wurzelt und zuweilen Spannungen zwischen der Regierung und der Stadt heraufbeschwört. Von 1795 bis vor wenigen

Jahren – mit einer kurzen Unterbrechung während der Revolution von 1848 – hatte Paris keinen Bürgermeister; die Hauptstadt war in zwanzig Arrondissements mit zwanzig Bezirksämtern aufgeteilt, die unter der gemeinsamen Aufsicht des Präfekten des Départements Seine und des Polizeipräfekten standen. Ein Stadtrat wurde erst 1834 eingerichtet. Als man vor ein paar Jahren die verwaltungsrechtliche Stellung der Hauptstadt reformierte und Jacques Chirac Bürgermeister von Paris wurde, ging der politische Streit auch um die Frage, ob ihm diese Position helfen werde, Staatspräsident zu werden. Es kam niemandem in den Sinn, dass die Verwaltung einer Stadt, in der immerhin ein Sechstel der Bevölkerung Frankreichs lebt, eine Aufgabe sein könnte, die für sich allein schon ein sinnvoller Zweck ist. Die Tatsache, dass es in Paris neben dem Sitz des Staatspräsidenten (dem Elysée) noch den Sitz der Regierung (das Matignon) und den Sitz des Bürgermeisters (das Hôtel de Ville) gibt, zu denen noch das Palais du Luxembourg (als Sitz des Senats) und die Assemblée nationale (als Sitz des Parlaments) hinzukommen, die zwar unterschiedliche Aufgaben wahrnehmen, deren Aufgabenteilung aber hoch problematisch ist, bezeugt, dass die geographische Metapher unser politisches Leben gerade deshalb gut zum Ausdruck bringt, weil dieses sich als zentralistisch versteht und trotz aller Unterschiede der Macht und der Funktion stets ein Zentrum im Zentrum zu definieren oder zu erkennen trachtet, von dem alles ausginge und zu dem alles zurückkehrte. Und so ist es denn keineswegs bloß metaphorisch, wenn man sich in gewissen Augenblicken fragt, ob das Zentrum der Macht sich vom Elysée zum Matignon oder sogar vom Matignon zum Palais Royal (dem Sitz des Verfassungsrates) verschoben hat. Möglicherweise ist das stets turbulente demokratische Leben in Frankreich sehr nachdrücklich bestimmt von der Spannung zwischen einem politischen Ideal, das Pluralismus, Demokratie und Gleichgewicht privilegiert und dem theoretisch alle Welt zustimmt, und einem intellektuellen, geographisch-politischen Regierungsmodell, das aus der Geschichte überkommen ist, sich kaum mit diesem Ideal verträgt und die Franzosen ständig dazu drängt, die Grundlagen ihres politischen Handelns zu überdenken und das Zentrum neu zu definieren.

In geometrischer Hinsicht und für jene Pariser, die noch die Zeit haben zu flanieren – es sind nicht mehr allzu viele –, könnte das Zentrum von Paris also der Seineabschnitt sein, den die Ausflugsdampfer befahren, weil man von dort aus die meisten historischen und politischen Wahrzeichen der Stadt wahrnehmen kann. Doch es gibt noch weitere Zentren, die durch Plätze oder Kreuzungen markiert sind, auf denen Monumente stehen (Place de l'Etoile, Place de la Concorde), oder die unmittelbar mit Monumenten zusammenhängen (Opéra, Madeleine) oder mit den großen Straßen, die dorthin führen (Avenue de l'Opéra, Rue de la Paix, Champs-Elysées), so als müsste in der Hauptstadt alles zum Zentrum und zum Denkmal werden. Und das ist heute tatsächlich der Fall, zumal die verschiedenen Arrondissements ihre Eigentümlichkeit allmählich einbüßen. Früher hatte jedes von ihnen seinen eigenen Charakter; die Klischees der Chansons, die Paris preisen, entbehren nicht des Wirklichkeitsstoffs, und noch heute könnte man höchst nuancenreich die Arrondissements beschreiben, ihre Aktivitäten, ihre «Persönlichkeit» in dem Sinne, wie die amerikanischen Anthropologen dieses Wort gebrauchen, aber auch die Wandlungen und Bevölkerungsbewegungen, die zu einem Umbau der ethnischen und sozialen Struktur geführt haben.

Gleichwohl lebt man immer weniger in Paris, wenn man dort ständig viel arbeitet, und diese Entwicklung scheint ganz allgemein für unser Land zu gelten. Die Anwesenheit der Geschichte, die in unseren Städten und Landschaften allenthalben vernehmlich wird, ist möglicherweise im Begriff, sich zu ästhetisieren, während sie sich gleichzeitig entsozialisiert und artifiziell wird. Gewiss gedenken wir immer noch einmütig Hugo Capets und der Revolution von 1789; wir sind immer noch fähig, uns heftig zu streiten, weil wir auf unterschiedlichen Lektüren unserer gemeinsamen Vergangenheit und auf gegensätzlichen Interpretationen der Ereignisse, die diese Geschichte geprägt haben, beharren. Doch seit Malraux verwandeln unsere Städte sich zunehmend in Museen (herausgeputzte, angestrahlte Denkmäler, autofreie und Fußgänger-Zonen), während Umgehungsstraßen, Autobahnen und Hochgeschwindigkeitszüge sie ignorieren oder meiden helfen.

Das geschieht indessen nicht ohne Gewissensbisse. Davon zeugen die zahlreichen Hinweisschilder, die uns einladen, die Sehenswürdigkeiten der Gegend und die Spuren der Vergangenheit wahrzunehmen. Kontrast: Am Stadtrand, in der tristen Region der Hochhaussiedlungen, Industriegebiete und Supermärkte, stellt man Schilder auf, die uns auffordern, die historischen Stätten zu besichtigen; an den Autobahnen mehren sich die Reklametafeln für das lokale Ambiente, das in allen Farben angepriesen wird, während wir unbeeindruckt vorbeifahren, so als wäre die Anspielung auf altehrwürdige Zeiten und Orte heute nur noch ein Mittel, den gegenwärtigen Raum zu explizieren.

VON DEN ORTEN ZU DEN NICHT-ORTEN

Präsenz der Vergangenheit in der Gegenwart, die sie begrenzt und für sich beansprucht – in dieser Versöhnung erblickt Jean Starobinski das Wesen der Moderne. In einem jüngst erschienenen Aufsatz bemerkt er dazu, eine Reihe von Autoren, die repräsentativ für die Moderne in der Kunst seien, hätten sich «die Möglichkeit einer Polyphonie geschaffen, in der die virtuell unendliche Verschlingung der Schicksale, Taten, Gedanken und Erinnerungen sich auf eine Bassstimme zu stützen vermag, welche die Stunden der irdischen Zeit schlägt und den Platz markiert, den darin einmal das antike Ritual einnahm (und noch immer einnehmen könnte)». Er zitiert die ersten Zeilen des *Ulysses* von Joyce, in denen die Worte der Liturgie erklingen: *«Introibo ad altare Dei»*, den Anfang von *Auf der Suche nach der verlorenen Zeit*, wo die Runde der Stundenschläge des Glockenturms von Combray den Rhythmus «eines ausgedehnten und einzigartigen bürgerlichen Tages» vorgibt, sowie *Histoire* von Claude Simon, wo «die Erinnerungen an die Klosterschule, die lateinischen Gebete am Morgen, das Benedicte am Mittag, das Angelus am Abend Merkzeichen setzen unter den Ansichten, Schnitten, Zitaten aller Art, die aus sämtlichen Zeiten des Daseins, der Phantasie und der historischen Vergangenheit stammen und die sich in scheinbarer Unordnung wuchernd um ein zentrales Geheimnis bewegen ...» Diese «vormodernen Figuren der kontinuierlichen Zeitlichkeit, von denen der moderne Schriftsteller zu zeigen versteht, dass er sie keineswegs vergessen hat, obwohl er sich gerade davon freimacht», sind zugleich spezifische räumliche Figuren einer Welt, von der Jacques Le Goff gesagt hat, dass sie seit dem Mittelalter um ihre Kirche und ihren Glockenturm herum durch die Versöhnung einer neu zentrierten Landschaft mit einer neu geordneten Zeit entstanden sei. Starobinskis Aufsatz beginnt bezeichnenderweise mit einem Baudelaire-Zitat aus dem ersten Gedicht der *Pariser Bilder*, welches das Schauspiel der Moderne und «[...] der Werkstatt Schwatz und Sang, die Schornsteine und immer / Euch Glockentürme, die ihr der Städte Masten seid, / Und weite Himmel, die uns träumt die Ewigkeit» in einer einzigen großen Gebärde vereint.

«Bassstimme» – der Ausdruck, den Starobinski gebraucht, um an alte Orte und Rhythmen zu erinnern, ist sehr treffend: Die Moderne löscht sie nicht aus, sondern rückt sie in den Hintergrund. Sie zeigen gleichsam die Zeit an, die vergeht und überlebt. Sie überdauern wie die Worte, die ihnen Gestalt verleihen und weiterhin Gestalt verleihen werden. In der Kunst bewahrt die Moderne sämtliche Zeiten des Ortes, wie sie im Raum und im Wort fixiert sind.

Hinter dem Kreislauf der Stunden und den ausgezeichneten Punkten der Landschaft finden wir in der Tat Worte und Sprachen: die eigentümlichen Worte der Liturgie, des «antiken Rituals», im Kontrast zu denen der Werkstatt mit ihrem «Schwatz und Sang»; Worte all derer auch, die erkennen, dass sie derselben Welt angehören, weil sie dieselbe Sprache sprechen. Der Ort erfüllt sich durch das Wort, durch den andeutungsweisen Austausch einiger Kennworte, im Einverständnis und in der komplizenhaften Intimität der Gesprächspartner. So schreibt Vincent Descombes über Prousts Françoise, sie markiere ein «rhetorisches» Territorium, das sie mit all jenen teile, die ihre Denkweise teilen, deren Aphorismen, Wortschatz und Argumentationsweise eine «Kosmologie» bilden oder das, was der Erzähler der *Suche nach der verlorenen Zeit* die «Philosophie von Combray» nennt.

So wie ein Ort durch Identität, Relation und Geschichte gekennzeichnet ist, so definiert ein Raum, der keine Identität besitzt und sich weder als relational noch als historisch bezeichnen lässt, einen Nicht-Ort. Unsere Hypothese lautet nun, dass die «Übermoderne» Nicht-Orte hervorbringt, also Räume, die selbst keine anthropologischen Orte sind und, anders als die Baudelairesche Moderne, die alten Orte nicht integrieren; registriert, klassifiziert und zu «Orten der Erinnerung» erhoben, nehmen die alten Orte darin einen speziellen, festumschriebenen Platz ein. Eine Welt, die Geburt und Tod ins Krankenhaus verbannt, eine Welt, in der die Anzahl der Transiträume und provisorischen Beschäftigungen unter luxuriösen oder widerwärtigen Bedingungen unablässig wächst (die Hotelketten und Durchgangswohnheime, die Feriendörfer, die Flüchtlingslager, die Slums, die zum Abbruch oder zum Verfall bestimmt sind), eine Welt, in der sich ein enges Netz von Verkehrsmitteln entwickelt, die gleichfalls bewegliche Behausungen sind, wo der mit weiten Strecken, automatischen Verteilern und Kreditkarten Vertraute an die Gesten des stummen Verkehrs anknüpft, eine Welt, die solcherart der einsamen Individualität, der Durchreise, dem Provisorischen und Ephemeren überantwortet ist, bietet dem Anthropologen ein neues Objekt, dessen bislang unbekannte Dimensionen zu ermessen wären, bevor man sich fragt, mit welchem Blick es sich erfassen und beurteilen lässt. Dabei gilt für den Nicht-Ort geradeso wie für den Ort, dass er niemals in reiner Gestalt existiert; vielmehr setzen sich darin Orte neu zusammen, Relationen werden rekonstruiert, und die «jahrtausendealten Listen» der «Erfindung des Alltäglichen» und der «Künste des Machens», die Michel de Certeau subtil analysiert hat, können sich darin einen Weg bahnen und ihre Strategien entfalten. Ort und Nicht-Ort sind fliehende Pole; der Ort verschwindet niemals vollständig, und der Nicht-Ort stellt sich niemals vollständig her – es sind Palimpseste, auf denen das verworrene Spiel von Identität und Relation ständig aufs Neue seine Spiegelung findet. Dennoch sind die Nicht-Orte das Maß unserer Zeit, ein Maß, das sich quantifizieren lässt und das man nehmen könnte, indem man – mit gewissen Umrechnungen zwischen Fläche, Volumen und Abstand – die Summe bildete aus den Flugstrecken, den Bahnlinien und den Autobahnen, den mobilen Behausungen, die man als «Verkehrsmittel» bezeichnet (Flugzeuge, Eisenbahnen, Automobile), den Flughäfen, Bahnhöfen und Raumstationen, den großen Hotelketten, den Freizeitparks, den Einkaufszentren und schließlich dem komplizierten Gewirr der verkabelten oder drahtlosen Netze, die den extraterrestrischen Raum für eine seltsame Art der Kommunikation einsetzen, welche das Individuum vielfach nur mit einem anderen Bild seiner selbst in Kontakt bringt.

Die Unterscheidung zwischen Orten und Nicht-Orten beruht auf dem Gegensatz von Ort und Raum. Nun hat aber Michel de Certeau für die Begriffe des Ortes und des Raumes eine Analyse vorgelegt, die wir hier nicht ignorieren können. Für ihn bilden «Orte» und «Räume» keinen Gegensatz wie «Orte» und «Nicht-Orte». Der Raum ist in seinen Augen «ein Ort, mit dem man etwas macht», ein «Geflecht von beweglichen Elementen»; erst die Fußgänger verwandeln die von der Stadtplanung geometrisch als Ort definierte Straße in einen Raum. Diese Parallelisierung des Ortes als Menge von Elementen, die in einer gewissen Ordnung koexistieren, und des Raumes als Belebung dieser Orte durch die Ortsveränderung eines beweglichen Elements präzisiert er durch mehrere Hinweise. Der erste (S. 218 f.) bezieht sich auf Merleau-Ponty, der in seiner *Phänomenologie der Wahrnehmung* den «geometrischen» Raum vom «anthropologischen Raum» als dem «existentiellen» Raum unterscheidet, dem Ort, an dem ein Wesen, dessen Existenzweise vornehmlich als eine «im Verhältnis zu einer Umgebung» bestimmt ist, sein Verhältnis zur Welt erfährt. Der zweite Hinweis gilt der Sprache und dem Akt des Sprechens: «Im Verhältnis zum Ort wäre der Raum ein Wort, das ausgesprochen wird, nämlich von der Ambiguität einer Realisierung ergriffen und in einen Ausdruck verwandelt wird, der sich auf viele verschiedene Konventionen bezieht; er wird als Akt einer Präsenz (oder einer Zeit) gesetzt und durch die Transformationen verändert, die sich aus den aufeinanderfolgenden Kontexten ergeben» (S. 218). Der dritte Hinweis ergibt sich aus dem zweiten und privilegiert die Erzählung als Arbeit, «die unaufhörlich Orte in Räume oder Räume in Orte verwandelt» (S. 220). Daraus folgt eine Unterscheidung zwischen «Tun» und «Sehen», wie sie in der Umgangssprache anzutreffen ist, die Schritt für Schritt eine Karte vorschlägt («es gibt ...») und Bewegungen organisiert («du trittst ein, du durchquerst, du wendest dich nach ...»), oder in den Hinweisen auf Karten – von den mittelalterlichen Landkarten, bei denen die eingezeichneten Wege und Routen ein wesentlicher Bestandteil waren, bis hin zu den Karten späterer Zeiten, aus denen die «Wegbeschreibungen» verschwunden sind und die auf der Basis von «ursprünglich disparaten Elementen» einen bestimmten «Stand» des geographischen Wissens repräsentieren. Der Bericht schließlich (insbesondere der Reisebericht) arrangiert sich mit der zweifachen Notwendigkeit des «Tuns» und des «Sehens» («die Geschichten von Wanderungen oder von Taten werden durch die ‹Zitierung› von Orten markiert, die sich daraus ergeben oder die sie autorisieren», S. 222), gehört jedoch in den Bereich dessen, was Certeau als «Delinquenz» bezeichnet, weil er «durchquert», «überschreitet» und «den Vorrang des Weges gegenüber dem Zustand» bestätigt (S. 237).

Hier sind nun einige terminologische Präzisierungen erforderlich. Der Ort, der hier definiert wird, ist nicht ganz identisch mit dem Ort, wie Certeau ihn versteht, also im Sinne eines Gegensatzes zum Raum, im Sinne des Gegensatzes zwischen geometrischer Figur und Bewegung, zwischen stummem und gesprochenem Wort, zwischen Zustand und Weg; wir denken vielmehr an den Ort des eingeschriebenen und symbolisierten Sinnes, an den anthropologischen Ort. Natürlich muss dieser Sinn ins Werk gesetzt, muss der Ort mit Leben erfüllt, der Weg beschritten werden, und nichts hindert uns, von einem Raum zu sprechen, wenn wir diese Bewegung beschreiben. Aber darum geht es hier nicht: Für uns ist im Begriff des anthropologischen Ortes die Möglichkeit der Wege, die dort hindurchführen, der Diskurse, die dort stattfinden, und der Sprache, die ihn kennzeichnet, enthalten. Und der Begriff des Raumes, so wie er heute verwendet wird – wenn man in Ausdrücken, die im Übrigen eher funktional als lyrisch sind, von der Eroberung des Weltraums spricht oder wenn man in der recht neuen und dennoch bereits stereotypen Sprache der Reiseveranstalter, der Hotellerie oder der Freizeitindustrie Orte bezeichnen möchte, die wenig Eigenschaften besitzen oder kaum qualifizierbar sind: «Räume für Freizeit und Spiel», vergleichbar mit «Treffpunkt» –, scheint, eben weil er keinerlei Kennzeichnung aufweist, leicht anwendbar auf die nichtsymbolisierten Flächen unseres Planeten.

Wir könnten daher versucht sein, dem symbolisierten Raum des Ortes den nichtsymbolisierten Raum des Nicht-Ortes gegenüberzustellen. Das wäre freilich wiederum nur eine negative Definition des Nicht-Ortes, wie wir sie bisher schon hatten, während Michel de Certeaus Raumbegriff uns gerade helfen könnte, diese negative Definition zu überwinden.

Der Ausdruck «Raum» (*espace*) ist in sich abstrakter als der Ausdruck «Ort» (*lieu*), der sich zumindest auf ein Ereignis stützt (das stattgefunden hat – *qui a eu lieu*), auf einen Mythos (einen Flurnamen – *lieu-dit*) oder auf eine Geschichte (einen Schauplatz der Geschichte – *haut lieu*). Er stützt sich zugleich auf etwas Ausgedehntes, einen Abstand zwischen zwei Dingen oder Punkten (man lässt einen «Raum» von zwei Metern zwischen den Pfosten eines Zauns) oder auf eine zeitliche Größe (im Zeit*raum* einer Woche). Er ist also äußerst abstrakt, und es ist bezeichnend, dass er heute in der Umgangssprache und in den Spezialsprachen einiger für unsere Zeit repräsentativer Institutionen systematisch, wiewohl wenig differenziert gebraucht wird. Der *Grand Larousse illustré* geht ausführlich auf den Ausdruck *«espace aérien»* (Luftraum) ein, der jenen Teil der Atmosphäre bezeichnet, in dem ein Staat die Hoheitsrechte über den Luftverkehr ausübt (und der weniger konkret ist als der entsprechende Ausdruck für den Küstenbereich: *«les eaux territoriales»* – Hoheitsgewässer), nennt aber auch andere Gebrauchsweisen, die von der Plastizität des Wortes zeugen. In dem Terminus *«espace judiciaire européen»* (europäischer Rechtsraum) ist erkennbar der Begriff der Grenze enthalten, zugleich umfasst er einen ganzen Komplex aus Institutionen und Normen, die sich kaum lokalisieren lassen. Der Ausdruck *«espace publicitaire»* (Werberaum) bezieht sich gleichermaßen auf eine Fläche und einen Zeitabschnitt, «die in den verschiedenen Medien dazu bestimmt sind, Werbung aufzunehmen», und der Ausdruck *«achat d'espace»* (Kauf von Raum) meint all jene «Operationen, die eine Werbeagentur hinsichtlich eines Werberaums ausführt». Die Hochkonjunktur, die der Ausdruck *espace* derzeit erlebt – wenn er auf Theater und sonstige Veranstaltungsstätten («Espace Cardin» in Paris, «Espace Yves Rocher» in La Gacilly) ebenso Anwendung findet wie auf Parks («Grünräume»), Flugzeugsessel («Espace 2000») oder Automobile («Renault Espace») –, dokumentiert Themen, die uns gegenwärtig beschäftigen (Werbung, Bild, Freizeit, Freiheit, Mobilität), und zugleich die Abstraktheit, die unser Zeitalter zerfrisst und bedroht, so als wären die Konsumenten von Raum heute vor allem dazu aufgefordert, in Worten zu bezahlen.

«Mit dem Raum umzugehen», schreibt Michel de Certeau, «bedeutet also, die fröhliche und stille Erfahrung der Kindheit zu wiederholen; es bedeutet, am Ort *anders* zu sein und *zum anderen überzugehen*» (dt. S. 208). Die fröhliche und stille Erfahrung der Kindheit – das ist die Erfahrung der ersten Reise, der Geburt als Urerfahrung des Andersseins, der Erkenntnis seiner selbst als *ich* und als anderer, die von der Erfahrung des Gehens als der ersten Form des praktischen Umgangs mit dem Raum und von der Erfahrung des Spiegels als erster Identifizierung des Selbstbildes wiederholt wird. Jeder Bericht geht bis in die Kindheit zurück. Wenn Certeau den Ausdruck «Bericht von Räumen» benutzt, dann will er damit zugleich von den Berichten sprechen, die Orte «durchqueren» und «organisieren» («jeder Bericht ist ein Reisebericht ...», S. 216), und von dem Ort, den das Schreiben des Berichts erzeugt («... die Lektüre ist ein Raum, der durch den praktischen Umgang mit einem Ort entsteht, den ein Zeichensystem – etwas Geschriebenes – bildet», S. 218). Aber vor dem Lesen steht das Schreiben; das Buch geht durch mehrere Orte hindurch, bevor es eines ist: Wie die Reise, so durchquert auch der Bericht, der davon spricht, mehrere Orte. Diese Pluralität der Orte, die Überfülle, die er dem Blick und der Beschreibung darbietet (wie soll man alles sehen, alles sagen?), und die «Entfremdung», die daraus resultiert – von der man sich später wieder erholt, etwa wenn man das Foto kommentiert, das den Augenblick festgehalten hat: «Sieh mal, das bin ich vor dem Parthenon»; aber in diesem Augenblick dort hat man sich doch erstaunt gefragt: «Was will ich eigentlich hier?» –, erzeugen einen Bruch zwischen dem Reisenden oder

Schauenden und der Landschaft, durch die er reist oder die er betrachtet, einen Bruch, der ihn hindert, einen Ort darin zu erkennen, sich ganz und gar dort wiederzufinden, selbst wenn er diese Leere durch zahlreiche detaillierte Informationen zu füllen versucht, die ihm die Reiseführer oder Reiseberichte offerieren.

Wenn Michel de Certeau vom «Nicht-Ort» spricht, so will er damit auf eine gleichsam negative Qualität des Ortes aufmerksam machen, auf den Umstand nämlich, dass der Ort aufgrund des Namens, den man ihm gibt, nicht ganz bei sich ist. Die Namen erlegen dem Ort «etwas Fremdes (eine Geschichte ...)» auf. Und in der Tat muss jemand, der einen Reiseweg beschreibt, indem er Namen aufzählt, nicht unbedingt viel darüber wissen. Aber genügen die Namen bereits, um im Ort «jene Erosion oder jenen Nicht-Ort» hervorzubringen, «der hier das Gesetz des anderen aushöhlt» (S. 201)? Jede Route, sagt Michel de Certeau, wird durch die Namen «umgelenkt»; sie geben dem Weg «Bedeutungen (oder Richtungen) [...], die bis dahin nicht sichtbar waren». Und er fügt hinzu: «Diese Namen schaffen Nicht-Ort an Orten; sie verwandeln sie in Passagen» (S. 199). Wir könnten auch sagen, das Passieren verleihe den Ortsnamen einen speziellen Status, der Bruch, den das Gesetz des anderen hervorbringt und in dem der Blick sich verliert, sei der Horizont jeder Reise (Addition von Orten, Negation des Ortes), die Bewegung, welche «die Linien verschiebt» und durch die Orte hindurchführt, erzeuge *per definitionem* Reisewege, das heißt: Worte und Nicht-Orte.

Der Raum als Umgang mit Orten und nicht mit *dem* Ort geht in der Tat aus einer zweifachen Verschiebung hervor: aus der des Reisenden natürlich, aber zugleich aus der Verschiebung der Landschaft, von der wir als Reisende immer nur partielle Ansichten aufnehmen, «Augenblickseindrücke», die wir kunterbunt im Gedächtnis speichern und dann, nach der Rückkehr, buchstäblich wieder zusammensetzen in dem Bericht, den wir davon geben, oder in der Aneinanderreihung der Dias, die, mit Kommentaren versehen, wir unseren Freunden vorführen. Die Reise (jene, die der Ethnologe verachtet und sogar «hasst») erzeugt eine fiktive Beziehung zwischen Blick und Landschaft. Und wenn man als «Raum» jenen Umgang mit Orten bezeichnet, der das Definitionsmerkmal der Reise bildet, dann muss hinzugefügt werden, dass es Räume gibt, in denen der Einzelne sich auch dann als Zuschauer empfindet, wenn das Schauspiel ihn nicht wirklich berührt – ganz so, als wäre die Position des Zuschauers das Wesentliche am Schauspiel, als wäre der Zuschauer in der Position des Zuschauers sein eigenes Schauspiel. Viele Reiseprospekte suggerieren solch einen Umweg, einen Umweg des Blickes, indem sie dem Reiselustigen im Voraus Bilder von merkwürdigen oder beschaulichen, einsamen oder belebten Ansichten vorlegen, die das weite Meer, die Kette der schneebedeckten Berge oder die Skyline einer Stadt mit ihren Wolkenkratzern zeigen: sein Bild letztlich, sein vorweggenommenes Bild, das nur von ihm spricht, aber einen anderen Namen trägt (Haiti, Alpen, New York). Der Raum des Reisenden wäre also der Archetypus des *Nicht-Ortes*.

Die Bewegung fügt dem Nebeneinander der Welten und der Erfahrung des anthropologischen Ortes wie auch dessen, was er nicht ist (worin Starobinski das Definitionsmerkmal und die Substanz der Moderne erblickt), noch eine besondere Erfahrung hinzu, eine Form der Einsamkeit und das Erlebnis, ganz buchstäblich «Position zu beziehen» – die Erfahrung dessen, der angesichts einer Landschaft, die einfach betrachtet werden muss und die zu betrachten er gar nicht umhin kann, «die Pose einnimmt» und aus dem Bewusstsein dieser Pose einen eigentümlichen und zuweilen melancholischen Genuss zieht. Es ist also kein Wunder, wenn wir bei den einsamen «Reisenden» des letzten Jahrhunderts und nicht bei den professionellen oder wissenschaftlichen Reisenden, also bei denen, die Laune, Vorwand oder Gelegenheit zu Reisenden gemacht haben, jene prophetische Beschwörung des Raumes vernehmen, in der weder Identität noch Relation noch Geschichte wirklich Sinn haben, in der die Einsamkeit als Überschreitung oder Entleerung der Individualität empfunden wird und einzig die Bewegung der Bilder dem, der sie vorbeiziehen sieht, einen Augenblick lang die Hypothese einer Vergangenheit und die Möglichkeit einer Zukunft aufscheinen lässt.

Mehr noch als an Baudelaire, der sich mit der Einladung zur Reise begnügt, denkt man hier an Chateaubriand, der tatsächlich unablässig auf Reisen ist und der zu sehen versteht, aber vor allem den Tod der Zivilisationen sieht, die Zerstörung oder das Verblassen der Landschaft, wo sie ehedem leuchtete, die enttäuschenden Reste der eingestürzten Monumente. Das verschwundene Sparta, das zerfallene Griechenland, von einem Eindringling besetzt, der nichts von dessen einstiger Größe weiß, bieten dem Durchreisenden das Bild der verlorenen Geschichte und zugleich des Lebens, das vergeht; aber es ist die Bewegung des Reisens, die ihn verführt und mitzieht. Diese Bewegung hat kein anderes Ziel als ihn selbst – oder das Schreiben, das die Bilder festhält und wiederholt.

Schon im Vorwort zu *Reise von Paris nach Jerusalem* wird es klar gesagt. Chateaubriand verteidigt sich dort gegen den Vorwurf, er habe seine Reise «des Schreibens wegen» unternommen, gibt jedoch zu, dass er «Bilder» für *Die Märtyrer* suchen wollte. Auf wissenschaftliche Ambitionen erhebt er keinen Anspruch: «Ich reise nicht auf den Spuren Chardins, Taverniers, Chandlers, Mungo Parks, Humboldts ...» (S. 19). So zeugt denn dieses Werk, das ohne eingestandene Zielsetzung bleibt, von dem widersprüchlichen Wunsch, über seinen Autor zu sprechen, ohne jemals etwas über ihn zu sagen: «Im Übrigen wird man überall weit mehr den Menschen als den Autor sehen; wenn ich von mir spreche, so tue ich dies zeitlos, und ich habe es bewusst getan, denn ich hatte keineswegs vor, meine Memoiren zu schreiben» (S. 20). Die Standorte, die der Besucher bevorzugt und der Schriftsteller beschreibt, sind offenkundig solche, die eine Reihe bemerkenswerter Punkte erschließen («... der Hymettos im Osten, der Pentelikon im Norden, der Parnes im Nordwesten ...»); doch die Betrachtung endet bezeichnenderweise in dem Augenblick, als sie sich auf sich zurückwendet und sich selbst zum Objekt nimmt: «Dieses Bild Attikas, das Schauspiel, das ich betrachte, haben Augen gesehen, die nun seit zweitausend Jahren geschlossen sind. Auch ich werde weiterfahren: Andere, die ebenso flüchtig sind wie ich, werden kommen und dieselben Reflexionen über dieselben Ruinen anstellen» (S. 153). Der ideale Standort – ideal, weil er der Entfernung die Bewegung hinzufügt – ist an Deck eines Schiffes, das die Küste hinter sich lässt. Die Beschreibung des Landes, das verschwindet, führt uns zugleich den Passagier vor Augen, der es noch zu erkennen versucht; bald ist es nur noch ein Schatten, ein Geräusch. Diese Aufhebung des Ortes ist der Höhepunkt der Reise, die letzte und höchste Pose des Reisenden: «Je weiter wir uns entfernten, desto schöner leuchteten die Säulen von Sunium über den Fluten; dank ihrem blendenden Weiß und der Heiterkeit der Nacht hoben sie sich deutlich vor dem Blau des Himmels ab. Wir waren schon weit vom Kap entfernt, da drangen immer noch die Geräusche des Landes an unser Ohr, die Brandung an den Klippen, das Murmeln des Windes in den Wacholderbüschen und der Gesang der Zikaden, die heute die einzigen Bewohner des Tempels sind; das waren die letzten Geräusche, die ich von der Erde Griechenlands hörte» (S. 190).

Obwohl Chateaubriand zuweilen diesen Eindruck erweckt, ist seine Reise keine Pilgerfahrt. («Vielleicht werde ich der letzte Franzose sein, der sich mit den Gedanken, Zielen und Gefühlen der alten Pilger auf den Weg ins Heilige Land macht», S. 331). Der Punkt, dem eine Pilgerfahrt zustrebt, ist *per definitionem* mit Sinn überfrachtet. Der Sinn, nach dem man dort sucht, ist gestern wie heute für jeden Pilger derselbe. Die Reise, die dorthin führt, fügt Etappen und ausgezeichnete Punkte aneinander und erzeugt damit einen Ort «mit einheitlicher Richtung», einen «Raum» in dem Sinne, in dem Michel de Certeau den Ausdruck benutzt. Alphonse Dupront weist darauf hin, dass die Seereise in der Pilgerfahrt selbst die Bedeutung einer Initiation annimmt. «Sobald auf Pilgerreisen eine Überfahrt notwendig wird, kommt es zu einer Diskontinuität und zu einer Banalisierung des Heldenmuts. Auf ganz unterschiedliche Weise illustrieren Land und Wasser, vor allem wenn ein Meer zu überqueren ist, einen Bruch, den das geheimnisvolle Wasser herbeiführt. Unter dieser Oberfläche verbarg sich eine tiefer liegende Realität, die von einigen Kirchenmännern des zwölften Jahrhunderts erahnt wurde, die Tatsache nämlich, dass die Überfahrt über das Meer einem Totenritual gleichkam» (S. 31).

Bei Chateaubriand handelt es sich indessen um etwas anderes; das eigentliche Ziel seiner Reise ist nicht Jerusalem, sondern Spanien, wo er seine Geliebte treffen wird (aber die *Reise* ist kein Bekenntnisbuch: Chateaubriand schweigt und «wahrt die Pose»); vor allem jedoch inspirieren ihn die heiligen Stätten nicht. Darüber ist schon viel geschrieben worden. «Hier nun werde ich unsicher. Soll ich das genaue Bild der heiligen Stätten zeichnen? Aber dann kann ich nur wiederholen, was schon andere vor mir gesagt haben; kein Thema ist dem modernen Leser wahrscheinlich weniger bekannt, und dennoch ist kein Thema so erschöpfend behandelt worden. Oder soll ich die Beschreibung dieser heiligen Stätten auslassen? Aber hieße das nicht, dass ich gerade den wesentlichsten Teil meiner Reise ausließe, ihre eigentliches Ziel und ihren Zweck?» (S. 308) Ohne Zweifel kommt hinzu, dass der Christ, der er sein will, an solchen Orten nicht so leicht wie in Attika oder Sparta das Verschwinden aller Dinge zelebrieren kann. Also macht er sich pflichtschuldig an die Beschreibung, türmt Bildungsgüter aufeinander, zitiert seitenlang Reisende oder Dichter wie Milton oder Le Tasse. Er weicht aus, und diesmal berechtigt uns gerade die Überfülle der Worte und Dokumente, Chateaubriands heilige Stätten als einen Nicht-Ort zu begreifen, ähnlich jenen, die unsere Reiseprospekte und Reiseführer in Worte und Bilder fassen. Wenn wir einen Augenblick auf die Analyse der Moderne als eines gewollten Nebeneinanders unterschiedlicher Welten (die Baudelairsche Moderne) zurückkommen, so stellen wir fest, dass die Erfahrung des Nicht-Ortes, die den Betrachter auf sich selbst verweist und zugleich einen Abstand zwischen dem Betrachter und dem Betrachteten schafft, durchaus nicht immer fehlt. In seinem Kommentar zum ersten Gedicht der *Pariser Bilder* verweist Starobinski auf das Nebeneinander der beiden Welten, von Schornsteinen und Glockentürmen; doch er zeigt auch die Position des Dichters auf, der die Dinge von oben und aus der Ferne sehen möchte und der weder zur Welt der Religion noch zur Welt der Arbeit zählt. Diese Position entspricht nach Starobinskis Meinung dem Doppelaspekt der Moderne: «Das Subjekt, das sich in der Menge verliert – oder umgekehrt die absolute Macht, die das individuelle Bewusstsein für sich in Anspruch nimmt.«

Man kann indessen auch sagen, dass die Position des betrachtenden Dichters ihrerseits ein Schauspiel verkörpert. In diesem Pariser Bild nimmt Baudelaire den ersten Platz ein, jenen Platz, von dem aus er die Stadt wahrnimmt, den aber ein anderes Selbst aus der Ferne zum Objekt eines «zweiten Blickes» macht: «Die Hand am Kinn sehe ich aus meinem hohen Zimmer / Der Werkstatt Schwatz und Sang, die Schornsteine und immer Euch Glockentürme …«

Danach setzt Baudelaire nicht einfach das notwendige Nebeneinander der alten Religion und der neuen Industrie in Szene oder die absolute Macht des individuellen Bewusstseins, sondern eine ganz eigentümliche und sehr moderne Erfahrung von Einsamkeit. Die Markierung einer Position, einer «Stellung», einer Pose im physischen und banalsten Sinne des Wortes erfolgt im Rahmen einer Bewegung, welche die Landschaft und den Blick, der sie zum Objekt nahm, von jedem Inhalt und von jedem Sinn entleert, denn gerade dieser Blick verschmilzt mit der Landschaft und wird zum Objekt eines zweiten Blicks, den man nicht zuordnen kann: Ist es derselbe oder ein anderer?

Zu einer solchen Verschiebung des Blicks, zu einem solchen Spiel von Bildern, zu einer solchen Entleerung des Bewusstseins können die charakteristischsten Äußerungsformen dessen, was ich die «Übermoderne» nenne, nach meiner Auffassung führen, diesmal allerdings auf systematische, generalisierte Weise und gleichsam in Prosa. Die Übermoderne drängt sich in der Tat dem individuellen Bewusstsein der gänzlich neuen Erlebnisse und Erfahrungen von Einsamkeit auf, die in einem unmittelbaren Zusammenhang stehen mit dem Auftreten und der Vermehrung von Nicht-Orten. Doch zweifellos war es sinnvoll, wenigstens andeutungsweise auf den Zusammenhang zwischen dem Begriff des Ortes und dem des Raumes, die für die bekanntesten unter den «Modernen» in der Kunst stehen, einzugehen, bevor wir die Nicht-Orte der Übermoderne genauer ins Auge fassen. Bekanntlich beruhte ein Gutteil des Interesses, das Benjamin den Pariser «Passagen» und, allgemeiner, der Architektur aus Stahl und Glas entgegenbrachte, darauf, dass er darin den Willen erkannte, die Architektur des nachfolgenden Jahrhunderts als Traum oder antizipierte Realität vorwegzunehmen. Ganz ähnlich mag man sich fragen, ob die Repräsentanten der Moderne von gestern, denen der konkrete Raum der Welt den Stoff zur Reflexion bot, nicht schon im Voraus gewisse Aspekte der Übermoderne von heute verdeutlicht haben, und zwar nicht aufgrund einiger zufälliger und glücklicher Intuitionen, sondern weil sie als Künstler Situationen (Stellungen, Posen) verkörperten, die heute unter ziemlich prosaischen Umständen ganz und gar geläufig geworden sind.

Wie man leicht erkennt, bezeichnen wir mit dem Ausdruck «Nicht-Ort» zwei verschiedene, jedoch einander ergänzende Realitäten: Räume, die in Bezug auf bestimmte Zwecke (Verkehr, Transit, Handel, Freizeit) konstituiert sind, und die Beziehung, die das Individuum zu diesen Räumen unterhält. Diese beiden Sachverhalte überlagern sich zwar in weiten Teilen gegenseitig und ganz sicher offiziell (die Individuen reisen, kaufen, suchen Erholung), aber sie vermischen sich nicht im selben Maße, denn die Nicht-Orte vermitteln einen ganzen Komplex von Beziehungen zu sich selbst und zu den anderen, die nur indirekt mit ihren Zielen zusammenhängen: So wie die anthropologischen Orte Organisch-Soziales hervorbringen, so schaffen die Nicht-Orte eine solitäre Vertraglichkeit. Wie sollte man sich die Durkheimsche Analyse eines Wartesaales in Roissy vorstellen?

Die Vermittlung, die das Band zwischen den Individuen und ihrer Umgebung im Raum des Nicht-Ortes herstellt, erfolgt über Worte und Texte. Wir wissen zunächst einmal, dass es Worte gibt, die ein Bild oder vielmehr Bilder hervorrufen: Die Vorstellungskraft jener, die noch niemals auf Tahiti oder in Marrakesch gewesen sind, kann freien Lauf nehmen, sobald sie diese Namen lesen oder hören. Manches Fernsehquiz verdankt seine Beliebtheit dem Umstand, dass hohe Preise ausgesetzt werden, vor allem Reisen und Ferienaufenthalte («eine Woche für zwei Personen in einem Dreisterne-Hotel in Marokko», «vierzehn Tage Vollpension in Florida»), deren bloße Nennung die Zuschauer erfreut, obwohl sie gar keine Chance haben, diese Preise zu gewinnen. Das «Gewicht der Worte», auf das eine französische Wochenzeitschrift mit Stolz verweist, zumal sie es mit dem «Schock der Fotografien» verbindet, ist nicht nur das Gewicht der Namen; zahlreiche Begriffe (Ferienaufenthalt, Reise, Meer, Sonne, Kreuzfahrt ...) besitzen in bestimmten Zusammenhängen die gleiche Kraft. Man kann sich freilich auch gut vorstellen, welche Anziehungskraft Worte anderswo ausüben konnten und können, die in unseren Ohren kaum exotisch klingen oder jeden Geschmack von Ferne vermissen lassen, z.B. Amerika, Europa, Abendland, Konsum, Zirkulation. Manche Orte existieren nur durch die Worte, die sie bezeichnen, und sind in diesem Sinne Nicht-Orte oder vielmehr imaginäre Orte, banale Utopien, Klischees. Sie sind das Gegenteil des Nicht-Ortes im Sinne von Michel de Certeau, das Gegenteil des benannten, mit einem Flurnamen belegten Ortes (von dem nur selten bekannt ist, wer ihn benannt hat oder was der Name besagt). Das Wort öffnet hier keine Kluft zwischen der alltäglichen Funktion und dem verlorenen Mythos; es erzeugt das Bild, schafft den Mythos und sorgt zugleich für dessen Funktionieren (die Fernsehzuschauer bleiben der Sendung treu, die Albaner zelten in Italien und träumen von Amerika, der Tourismus wächst weiter).

Doch den wirklichen Nicht-Orten der Übermoderne, an denen wir uns befinden, wenn wir über die Autobahn fahren, in einem Supermarkt einkaufen oder in einem Flughafen auf den nächsten Flug nach London oder Marseille warten, ist es eigen, dass sie auch von den Worten oder Texten definiert werden, die sie uns darbieten: ihre Gebrauchsanleitung letztlich, die in Vorschriften («rechts einordnen»), Verboten («Rauchen verboten») oder Informationen («Herzlich willkommen im Beaujolais») zum Ausdruck kommen und entweder auf mehr oder minder explizite und codifizierte Ideogramme zurückgreifen (die Zeichen des Straßenverkehrs, die Symbole in den Reiseführern) oder auf die Umgangssprache. Auf diese Weise stellt man die Bedingungen für den Verkehr in Räumen her, in denen die Individuen nur mit Texten zu interagieren scheinen, deren Urheber ausschließlich «juristische» Personen oder Institutionen sind (Flughäfen, Fluggesellschaften, Verkehrsministerien, Handelsgesellschaften, Verkehrspolizei, Stadtverwaltungen), wobei deren Präsenz sich nur in Andeutungen zeigt oder expliziten Ausdruck findet («Hier baut das Département X den Straßenabschnitt Y», «Hier bemüht sich der Staat um die Verbesserung Ihrer Lebensbedingungen») hinter den Anweisungen, Ratschlägen, Kommentaren und «Botschaften» auf den zahllosen «Trägern» (Schildern, Anzeigetafeln, Plakaten), die ein Bestandteil der heutigen Landschaft sind.

Die Trassenführung der französischen Autobahnen ist sehr schön gewählt; sie enthüllen uns Landschaften, zuweilen wie in Luftaufnahmen, die ganz anders aussehen als jene, die der Reisende wahrnimmt, wenn er auf National- oder Départementalstraßen durchs Land fährt. Mit ihnen gehen wir gleichsam vom Interieur intimistischer Filme über zu den weiten Horizonten der Western. Doch über die Strecke sind Texte verstreut, welche die Landschaften beim Namen nennen und auf ihre geheimen Reize hinweisen. Man fährt nicht mehr durch Städte hindurch, doch die bemerkenswerten Punkte werden auf Schildern angezeigt, die gleichsam einen Kommentar bilden. Der Reisende wird gewissermaßen davon dispensiert, anzuhalten oder gar zu schauen. So bittet man ihn auf der *Autoroute du sud* um ein wenig Aufmerksamkeit für ein befestigtes Dorf aus dem dreizehnten Jahrhundert oder ein renommiertes Weingut in Vézelay mit seinen tausendjährigen Weinbergen, oder für die Landschaften des Avallonais bzw. die von Cézanne (womit die Kultur in eine dem Blick entzogene, aber ständig kommentierte Natur zurückkehrt). Die Landschaft rückt in die Ferne, doch ihre architektonischen oder natürlichen Besonderheiten werden zum Gegenstand eines Textes, den zuweilen eine schematische Zeichnung ergänzt, wenn der Vorbeifahrende nicht wirklich in der Lage ist, den seiner Aufmerksamkeit empfohlenen Punkt zu sehen, und sein Vergnügen daher allein aus dem Wissen schöpfen kann, dass er sich ganz in der Nähe befindet.

Die Trassenführung der Autobahnen ist also in zweifacher Hinsicht bemerkenswert. Zum einen umgeht sie aus funktionalen Gründen sämtliche Schauplätze, in deren Nähe sie uns führt; zum anderen kommentiert sie diese Schauplätze. Die Raststätten tun ein Übriges, indem sie weitere Informationen bereitstellen und sich als regionale Kulturhäuser gerieren; ihr Angebot umfasst lokale Erzeugnisse, Karten und Reiseführer, die von Nutzen sein könnten, wenn man sich zum Anhalten entschließt. Doch die meisten Reisenden halten nicht an; vielleicht kommen sie wieder einmal vorbei, im Sommer oder mehrmals im Jahr, so dass der abstrakte Raum, den man ihnen regelmäßig eher zu lesen als zu sehen gibt, mit der Zeit auf seltsame Weise vertraut wird, wie anderen, mit Gütern reicher Gesegneten der Orchideenverkäufer auf dem Flughafen von Bangkok oder der Duty-free-Shop in Roissy I.

Vor drei Jahrzehnten führten die National- oder Départementalstraßen und die Eisenbahnlinien in Frankreich noch mitten durch das alltägliche Leben. Straßen und Schienenwege verhielten sich dabei wie Vorder- und Rückseite, und dieses Verhältnis besteht auch heute noch für all jene, die sich an die Départementalstraßen halten und an die nicht in das Netz der Hochgeschwindigkeitszüge einbezogenen Strecken, vor allem die Regionalverbindungen, soweit es sie noch gibt, denn bezeichnenderweise sind es die regional und lokal bedeutsamen Strecken, die zunehmend stillgelegt werden. Die Départementalstraßen, die heute vielfach um die Ortschaften herumgeführt werden, verwandelten sich früher regelmäßig in Stadt- und Dorfstraßen, die auf beiden Seiten von den Fassaden der Häuser gesäumt waren. Vor acht Uhr morgens und nach sieben Uhr abends fuhr der Autofahrer durch eine Wüste aus abweisenden Häuserfronten (geschlossene Läden, Licht, das durch die Jalousien drang oder auch nicht, denn die Wohn- und Schlafräume lagen vielfach nach hinten hinaus): So wurde er Zeuge jenes würdevollen, steifen Bildes, das die Franzosen gerne von sich entwerfen, das jeder Franzose gerne vor seinen Nachbarn entfaltet. Der durchfahrende Reisende sah etwas von den Städten, die heute nur noch Namen auf einer Strecke sind (La Ferté-Bernard, Nogent-le-Rotrou); die Texte, die er zuweilen lesen konnte, wenn er an einer Ampel stoppen oder aus anderen Gründen langsam fahren musste (Geschäftsschilder, städtische Bekanntmachungen), waren nicht in erster Linie für ihn bestimmt. Der Zug dagegen war immer schon indiskreter und ist es heute noch. Die Eisenbahn, deren Trasse häufig hinter den Häusern der Ortschaften verläuft, überrascht Städter und Dörfler in der Intimität ihres Alltags, nicht auf ihrer Fassadenseite, sondern ihrer Gartenseite, nicht in der Küche, sondern im Schlafzimmer, und abends auf der erleuchteten Seite, während die Straße das Reich der Dunkelheit und der Nacht wäre, wenn es keine Straßenbeleuchtung gäbe. Und die Züge waren früher nicht so schnell, dass der neugierige Reisende bei der Durchfahrt nicht die Namenschilder der Bahnhöfe hätte entziffern können, was wegen der hohen Geschwindigkeit der Züge heute ausgeschlossen ist, ganz so, als wären bestimmte Texte für den zeitgenössischen Reisenden obsolet geworden. Man bietet ihm andere Texte an: In den Hochgeschwindigkeitszügen, die mancherlei mit einem Flugzeug gemein haben, kann er in Magazinen blättern, wie sie auch die Fluggesellschaften ihren Passagieren zur Verfügung stellen; durch Reportagen, Fotos und Werbeanzeigen erinnern sie ihn an die Notwendigkeit, auf der Höhe (oder gemäß dem Bilde) der heutigen Zeit zu leben.

Noch ein Beispiel für die Besetzung des Raumes durch den Text: die Supermärkte, in denen der Kunde schweigend umhergeht, die Etiketten liest, sein Gemüse oder sein Obst auf einer Maschine abwiegt, die ihm mit dem Gewicht auch den Preis anzeigt, in denen er dann seine Kreditkarte einer gleichfalls schweigenden oder wenig gesprächigen jungen Frau reicht, die jeden Artikel von einer Lesemaschine registrieren lässt, bevor sie nachprüft, ob die Kreditkarte in Ordnung ist. Noch direkter, aber auch noch stiller ist der Dialog, den jeder Inhaber einer Scheckkarte mit dem Geldautomaten führt; nachdem er die Karte eingegeben hat, erhält er auf dem Bildschirm Instruktionen, die in der Regel den Charakter einer Ermutigung, zuweilen auch den eines Ordnungsrufes haben («Karte falsch eingeführt», «Karte entnehmen», «Lesen Sie aufmerksam die Instruktionen»). Sämtliche Aufforderungen, denen wir auf unseren Straßen, in unseren Einkaufszentren oder an den Vorposten des Bankensystems an unseren Straßenecken begegnen, richten sich unterschiedslos an jeden von uns («Vielen Dank für Ihren Besuch», «Gute Reise», «Wir danken für Ihr Vertrauen»), und zwar an jeden beliebigen von uns: Sie erzeugen den «Durchschnittsmenschen», der als Benutzer des Verkehrs-, Handels- oder Bankensystems definiert ist. Sie erzeugen ihn, und am Ende individualisieren sie ihn: Auf manchen Straßen und Autobahnen erscheint plötzlich eine Leuchtschrift («110! 110!») und ruft den allzu eiligen Autofahrer zur Ordnung; an manchen Straßenkreuzungen in Paris werden Autos, die das Rotlicht missachten, automatisch aufgezeichnet und die Schuldigen dann durch ein Foto identifiziert. Jede Kreditkarte trägt einen individuellen Code, der es der Maschine gestattet, dem Kartenbesitzer Informationen zukommen zu lassen und ihn zugleich an die Spielregeln zu gemahnen: «Sie können 600 Francs abheben.» Während die Identität der einen und der anderen den «anthropologischen Ort» ausmachte, über das heimliche Einverständnis der Sprache, die Merkzeichen der Landschaft, die nichtformulierten Regeln der Lebenskunst, erzeugt der Nicht-Ort die von den Passagieren, Kunden oder Sonntagsfahrern geteilte Identität. Zweifellos mag die relative Anonymität, die mit dieser provisorischen Identität verbunden ist, sogar als Befreiung empfunden werden, weil man sich nicht mehr an Position und Rang oder an die Vorschriften zur äußeren Erscheinung zu halten braucht. *Duty-free*: Nachdem der Passagier des nächsten Fluges seine persönliche Identität (die des Passes oder der Kreditkarte) ausgewiesen hat, tritt er, befreit vom Gewicht seines Gepäcks und der Last seines Alltags, in den «steuerfreien» Raum ein, weniger um dort zu günstigen Preisen einzukaufen als vielmehr um die Realität dieser Disponibilität des Augenblicks und seiner eigenen unbestreitbaren Qualität als Passagier vor dem Abflug zu erleben.

Allein, aber den anderen gleich, befindet sich der Benutzer des Nicht-Ortes mit diesem (oder mit den Mächten, die ihn beherrschen) in einem Vertragsverhältnis. Die Existenz dieses Vertrages wird ihm bei Gelegenheit in Erinnerung gerufen (die Benutzungsordnung des Nicht-Ortes gehört dazu): Das Flugticket, das er gekauft hat, die Karte, die er an der Zahlstelle vorweisen muss, und selbst der Einkaufswagen, den er im Supermarkt vor sich her schiebt, sind mehr oder minder deutliche Zeichen dieses Vertrages. Der Vertrag hat stets Bezug zur individuellen Identität dessen, der ihn eingeht. Wer in die Warteräume eines Flugsteigs gelangen will, muss zunächst am Abflugschalter sein

Flugticket vorweisen (der Name des Passagiers ist dort verzeichnet); sodann muss er an der Grenzkontrolle seine Bordkarte und ein Ausweispapier vorzeigen und damit belegen, dass der Vertrag tatsächlich besteht; die Anforderungen variieren hier in den verschiedenen Ländern (Personalausweis, Pass, Pass und Visum), und noch vor dem Abflug wird überprüft, ob alles seine Richtigkeit hat. Der Passagier gewinnt seine Anonymität also erst, nachdem er seine Identität bewiesen und den Vertrag gewissermaßen gegengezeichnet hat. Zahlt ein Kunde im Supermarkt mit Scheck oder Kreditkarte, offenbart er ebenfalls seine Identität; für den Benutzer der Autobahn gilt dasselbe. In gewisser Weise wird der Benutzer von Nicht-Orten ständig dazu aufgefordert, seine Unschuld nachzuweisen. Die im Voraus oder im Nachhinein erfolgende Prüfung der Identität und des Vertrages stellt den Raum des modernen Konsums unter das Zeichen des Nicht-Ortes: Nur wer unschuldig ist, erlangt Zutritt. Worte zählen hier fast nichts mehr. Keine Individualisierung (kein Recht auf Anonymität) ohne Identitätskontrolle.

Bei den Kriterien der Unschuld handelt es sich natürlich um die konventionellen und offiziellen Kriterien der individuellen Identität (die auf den Karten erscheinen und in geheimnisvollen Dateien gespeichert sind). Aber die Unschuld ist noch etwas anderes: Der Raum des Nicht-Ortes befreit den, der ihn betritt, von seinen gewohnten Bestimmungen. Er ist nur noch, was er als Passagier, Kunde oder Autofahrer tut und lebt. Vielleicht gehen ihm noch die Sorgen vom Vortag oder die von morgen durch den Kopf, doch seine augenblickliche Umgebung entfernt ihn vorläufig davon. Als Objekt einer süßen Besessenheit, der er sich mit mehr oder weniger Talent, mit mehr oder weniger Überzeugung hingibt wie jeder Besessene, genießt er eine Weile die passiven Freuden der Anonymität und die aktiven Freuden des Rollenspiels.

Letztlich findet er sich hier mit einem Bild seiner selbst konfrontiert, allerdings mit einem ziemlich fremdartigen Bild. Das einzige Gesicht, das er sieht, die einzige Stimme, die Gestalt annimmt in dem schweigsamen Dialog, der sich zwischen ihm und der Landschaft mit den an ihn wie an die anderen gerichteten Texten entwickelt, sind seine eigenen – Gesicht und Stimme einer Einsamkeit, die umso verwirrender ist, als sie an die Einsamkeit von Millionen anderen gemahnt. Der Passagier der Nicht-Orte findet seine Identität nur an der Grenzkontrolle, der Zahlstelle oder der Kasse des Supermarkts. Als Wartender gehorcht er denselben Codes wie die anderen, nimmt dieselben Botschaften auf, reagiert auf dieselben Aufforderungen. Der Raum des Nicht-Ortes schafft keine besondere Identität und keine besondere Relation, sondern Einsamkeit und Ähnlichkeit.

Er gibt auch der Geschichte keinen Raum, die sich am Ende in ein Element des Schauspiels verwandelt, zumeist in Texte und Hinweise. Die Herrschaft gehört der Aktualität und den Erfordernissen der Gegenwart. Da Nicht-Orte durchquert werden, bemessen sie sich nach Zeiteinheiten. Keine Strecke ohne Fahrplan, ohne Anzeigetafeln für Ankunft und Abfahrt, die stets auch Platz für die Anzeige eventueller Verspätungen lassen. Man lebt dort ganz in der Gegenwart. Die Gegenwart der Reise materialisiert sich heute während der Langstreckenflüge auf einem Bildschirm, auf dem von Minute zu Minute angezeigt wird, wo die Maschine sich gerade befindet. Bei Bedarf erläutert der Flugkapitän in leicht redundanter Weise: «Auf der rechten Seite können Sie Lissabon erkennen.» In Wirklichkeit erkennt man gar nichts; wieder einmal ist das Schauspiel lediglich eine Idee, ein Wort. Auf der Autobahn zeigen zuweilen Leuchtschriften die augenblickliche Temperatur an und geben weitere Informationen, die für die Praxis des Raumes nützlich sein können: «Auf der A3 zwei Kilometer Stau.» Gegenwart des Aktuellen im weitesten Sinne: Im Flugzeug werden die Zeitungen wieder und wieder gelesen; mehrere Fluggesellschaften bieten sogar die Fernsehnachrichten an. Die meisten Autos sind mit einem Radio ausgestattet. An den Tankstellen und in den Supermärkten läuft unablässig das Radio; die Schlager des Tages, die Werbung und ein paar Nachrichten werden den Kunden angeboten oder aufgedrängt. Insgesamt macht das den Eindruck, als hätte die Zeit den Raum eingefangen, als gäbe es keine andere Geschichte als die Nachrichten des Tages oder des Vortages, als schöpfte jede individuelle Geschichte ihre Motive, Worte und Bilder aus dem unerschöpflichen Vorrat einer unversiegbaren Geschichte in der Gegenwart.

Unter dem Ansturm der Bilder, die von den Institutionen des Handels und des Verkehrs in schierer Überfülle verbreitet werden, macht der Passagier der Nicht-Orte die Erfahrung der ewigen Gegenwart und zugleich der Begegnung mit sich selbst. Begegnung, Identifizierung, Bild: Dieser elegante Mittvierziger, der unaussprechliche Freuden unter dem aufmerksamen Blick einer blonden Stewardess zu genießen scheint, ist er selbst; dieser selbstbewusst dreinblickende Fahrer, der seinen Turbodiesel über irgendeine afrikanische Piste treibt, ist er selbst; dieser Mann mit der virilen Miene, den eine Frau verliebt anschaut, weil er ein Rasierwasser mit wildem Duft benutzt, ist ebenfalls er selbst. Wenn diese Identifikationsangebote im Wesentlichen männlich sind, so deshalb, weil das Idealbild des Ich, das sie vergesellschaften, sich tatsächlich am Mann orientiert und eine überzeugende Geschäftsfrau oder Autofahrerin so dargestellt wird, dass sie gleichfalls «männliche» Qualitäten besitzt. Der Ton ändert sich natürlich ebenso wie die Bilder an den weniger prestigeträchtigen Nicht-Orten wie den Supermärkten, an denen in der Mehrzahl Frauen verkehren. Das Thema der Gleichheit (das heißt letztlich: der Unterschiedslosigkeit) der Geschlechter nimmt man dort auf symmetrisch-inverse Art auf: Die neuen Väter, so liest man bisweilen in «Frauenzeitschriften», interessieren sich für Haushalt und Säuglingspflege. Aber auch in den Supermärkten wird deutlich, welches Prestige Medien, Schlagerstars oder Nachrichten besitzen. Denn am bemerkenswertesten ist alles in allem das «wechselseitige Zuarbeiten» der Reklameapparate, wie man es nennen könnte. Die privaten Radiosender machen Werbung für die Einkaufszentren; die Einkaufszentren machen Werbung für die privaten Radiosender. Die Tankstellen bieten in der Ferienzeit Reisen nach Amerika an, und das Radio informiert uns darüber. Die Magazine der Fluggesellschaften werben für Hotels, die ihrerseits für die Fluggesellschaften werben. Aufschlussreich an alledem ist, dass sämtliche Konsumenten von Raum in den Echos und Bildern einer Kosmologie gefangen sind, die im Unterschied zu den traditionell von den Ethnologen untersuchten Kosmologien objektiv universellen Charakter hat und zugleich ebenso vertraut wie prestigeträchtig ist. Daraus ergibt sich zweierlei: Einerseits werden diese Bilder tendenziell zu einem System; sie zeichnen eine Konsumwelt, die sich jeder Einzelne zu eigen machen kann, da er darin beständig angesprochen wird. Die Versuchung des Narzissmus ist hier umso faszinierender, als der Narzissmus die Regel zu sein scheint: es wie die anderen zu tun, um man selbst zu sein. Andererseits führt diese Kosmologie wie jede andere auch zu einem Wiedererkennen. Paradoxon des Nicht-Ortes: Der Fremde, der sich in einem Land verirrt, das er nicht kennt (der «durchreisende» Fremde), findet sich dort ausschließlich in der Anonymität der Autobahnen, Tankstellen, Einkaufszentren und Hotelketten wieder. Das Tankstellenschild einer Benzinmarke ist für ihn ein beruhigendes Merkzeichen, und mit Erleichterung entdeckt er in den Regalen der Supermärkte die

Toiletten- und Haushaltsartikel oder Lebensmittel multinationaler Konzerne.

In der konkreten Realität der Welt von heute überschneiden und durchdringen Orte und Räume, Orte und Nicht-Orte sich gegenseitig. Die Möglichkeit des Nicht-Ortes ist an jedem beliebigen Ort gegeben. Die Rückkehr zum Ort ist die Rückkehr dessen, der die Nicht-Orte frequentiert (und der zum Beispiel von einem Zweitwohnsitz träumt, an dem er fest im Boden verwurzelt ist). Orte und Nicht-Orte verhalten sich zueinander (oder verweisen aufeinander) wie die Worte und die Begriffe, mit denen sie beschrieben werden können. Doch die Worte der Nicht-Orte sind die Modeworte, die noch vor dreißig Jahren keine Daseinsberechtigung hatten. So können wir die Realitäten des *Transits* (Durchgangslager oder Transitpassagiere) den Realitäten der festen Wohnung entgegensetzen, das *Autobahnkreuz* (das kreuzungsfrei ist) der *Straßenkreuzung* (oder der Begegnung), den *Passagier* (der durch seinen Zielort definiert ist) dem *Reisenden* (der auf einem *Weg* flaniert) – bezeichnenderweise werden die Reisenden der gewöhnlichen Bahn in den Hochgeschwindigkeitszügen zu Passagieren –, den *Komplex* – das *ensemble*, das der Larousse als «Gruppierung neuer Wohneinheiten» definiert, in dem man nicht mehr zusammenlebt und das alles andere als ein Zentrum darstellt (die *«grands ensembles»*, die Hochhaussiedlungen, sind zum Symbol der städtischen Randregionen geworden) – dem *Monument*, an dem man Erinnerung und Gedächtnis mit anderen teilt, die *Kommunikation* schließlich (ihre Codes, ihre Bilder, ihre Strategien) der *Sprache* (die gesprochen wird).

Der Wortschatz ist hier von hoher Bedeutung, denn er webt das Geflecht der Gewohnheiten, erzieht den Blick, prägt die Landschaft. Kehren wir einen Augenblick zu der von Vincent

Descombes vorgeschlagenen Definition für den Begriff eines «rhetorischen Landes» zurück, die auf einer Analyse der «Philosophie» oder vielmehr der «Kosmologie» von Combray basiert: «Wo ist die Person zu Hause? Die Frage bezieht sich weniger auf ein geographisches als vielmehr auf ein rhetorisches Gebiet (wobei ‹rhetorisch› im klassischen Sinne zu verstehen ist, definiert durch ‹rhetorische Handlungen› wie das Plädoyer, die Anklage, die Lobrede, die Rezension, die Empfehlung, die Mahnung usw.). Die Person ist dort zu Hause, wo sie sich in der Rhetorik der Menschen auskennt, mit denen sie das Leben teilt. Dass man zu Hause ist, erkennt man daran, dass man sich ohne Schwierigkeiten verständlich machen kann und ohne langwierige Erläuterungen Zugang zu den Denkweisen seiner Gesprächspartner findet. Das rhetorische Land einer Person endet dort, wo ihre Gesprächspartner die Gründe, die sie für ihr Tun und Lassen angibt, oder die Klagen, die sie vorbringt, und die Bewunderung, die sie äußert, nicht mehr verstehen. Eine rhetorische Kommunikationsverwirrung zeigt an, dass eine Grenze überschritten worden ist, eine Grenze, die man sich eher als Grenzzone oder Schwelle vorstellen muss denn als klar gezogene Linie» (S. 179).

Wenn Descombes recht hat, sind wir in der Welt der Übermoderne immer noch und niemals mehr «zu Hause»: Die Grenzzonen oder «Schwellen», von denen er spricht, führen nicht mehr in gänzlich fremde Welten. Die Übermoderne (die von drei Figuren des Übermaßes bestimmt ist: von der Überfülle der Ereignisse, von der Überfülle des Raumes und von der Individualisierung der Referenzen) findet ihren vollkommenen Ausdruck auf natürliche Weise in den Nicht-Orten. Aber durch die Nicht-Orte zirkulieren Worte und Bilder, die in den noch vielfältigen Orten wurzeln, an denen die Menschen einen Teil ihres alltäglichen Lebens zu konstituieren versuchen. Zugleich kommt es vor, dass der Nicht-Ort seine Worte aus der Umgebung nimmt, zum Beispiel auf den Autobahnen, wo die Rastplätze – die Bezeichnung *aire de repos* könnte in der Tat nicht neutraler, nicht weiter von «Ort» und «Nicht-Ort» entfernt sein – häufig nach einem auffälligen oder geheimnisvollen Merkmal der nahen Umgebung benannt sind: «Aire de Hibou», «Aire du Gîte-aux-Loups», «Aire de la Combe-Tourmente», «Aire des Croquettes» ... Wir leben also in einer Welt, in der das, was die Ethnologen traditionell als «kulturellen Kontakt» bezeichnen, zu einer allgemeinen Erscheinung geworden ist. Die erste Schwierigkeit einer Ethnologie des Hier und Jetzt besteht darin, dass sie es stets mit einem Anderswo zu tun hat, ohne dass sie den Status dieses Anderswo zu einem singulären, klar unterschiedenen (exotischen) Objekt machen könnte. Die Sprache zeugt von dieser vielfachen Sättigung. Die Verwendung des *Basic english* aus dem Bereich der Kommunikationstechnologien oder des Marketing ist in dieser Hinsicht sehr aufschlussreich; sie kennzeichnet weniger den Triumph einer Sprache über die andere als vielmehr die Überflutung sämtlicher Sprachen durch ein universell verstandenes Vokabular. Dass ein Bedürfnis nach einem generalisierten Vokabular besteht, ist die eigentlich bedeutsame Tatsache, nicht der Umstand, dass es sich um das Englische handelt. Der Sprachverfall (wenn man den Verfall semantischer und syntaktischer Kompetenz im durchschnittlichen Gebrauch der gesprochenen Sprachen so bezeichnen möchte) hat seine Ursache eher in dieser Generalisierung als in der Kontaminierung oder Unterwanderung einer Sprache durch eine andere.

Wir sehen nun, was die Übermoderne von der Moderne unterscheidet, wie Starobinski sie im Rückgriff auf Baudelaire gekennzeichnet hat. Die Übermoderne ist nicht die ganze Gegenwart. In der Moderne der Baudelaireschen Landschaft ist alles vermengt, vermag sich alles zu behaupten: Die Schornsteine und Glockentürme sind «der Städte Masten». Was der Betrachter der Moderne sieht, ist das Ineinander von Altem und Neuem. Die Übermoderne macht das Alte (die Geschichte) zu einem Spektakel eigener Art, so wie es mit allem Exotischen und allen lokalen Besonderheiten geschieht. Die Geschichte und das Exotische spielen hier dieselbe Rolle wie «Zitate» in geschriebenen Texten – ein Status, der eklatant in den Katalogen der Reiseveranstalter zum Vorschein kommt. An den Nicht-Orten der Übermoderne gibt es stets einen speziellen Platz (im Schaufenster, auf einem Plakat, rechts von der Maschine, links der Autobahn), an denen «Sehenswürdigkeiten» als solche präsentiert werden – Ananas von der Elfenbeinküste, Venedig, die Stadt der Dogen, Tanger, die Ausgrabungen in Alésia. Doch sie schaffen keine Synthese, sie integrieren nichts, sondern autorisieren lediglich für die kurze Zeit, in der man sie passiert, die Koexistenz unterschiedlicher, vergleichbarer und gegeneinander gleichgültiger Individualitäten: Wenn die Nicht-Orte den Raum der Übermoderne bilden, dann kann diese nicht dieselben Ansprüche erheben wie die Moderne. Sobald Individuen zusammenkommen, bringen sie Soziales hervor und erzeugen Orte. Der Raum der Übermoderne ist von diesem Widerspruch geprägt: Er hat es stets nur mit Individuen zu tun (mit Kunden, Passagieren, Benutzern, Zuhörern), doch er identifiziert, sozialisiert und lokalisiert diese Individuen lediglich am Eingang oder am Ausgang. Sofern die Nicht-Orte den Raum der Übermoderne bilden, müssen wir folgendes Paradoxon erklären: Das soziale Spiel scheint anderswo als an den Vorposten der Gegenwart stattzufinden. In der Art einer gewaltigen Parenthese nehmen die Nicht-Orte eine ständig wachsende Zahl von Individuen auf. Außerdem sind sie das bevorzugte Objekt all derer, die ihre Leidenschaft zur Bewahrung des Bodenständigen oder zur Eroberung eines Territoriums bis zum Terrorismus steigern. Dass Flughäfen und Flugzeuge, Einkaufszentren und Bahnhöfe besonders häufig zum Ziel terroristischer Anschläge gemacht werden (sieht man einmal von den Autobomben ab), hat seinen Grund zweifellos in der hohen Effizienz, wenn dieser Ausdruck einmal erlaubt ist. Es mag aber auch daran liegen, dass jene, die neue Formen des Sozialisierens und Lokalisierens fordern, darin mehr oder weniger konfus nur die Negation ihres Ideals erblicken können. Der Nicht-Ort ist das Gegenteil der Utopie; er existiert, und er beherbergt keinerlei organische Gesellschaft.

Hier treffen wir nun wieder auf eine Frage, die wir oben bereits erwogen haben: die Frage der Politik. In einem Aufsatz über die Stadt[2] erinnert Sylviane Agacinski an das Ideal und die Forderung des Konventsabgeordneten Anacharsis Cloots. In seiner Feindschaft gegen jede «Verkörperung» von Macht fordert dieser den Tod des Königs. Jede Lokalisierung der Macht, jede Form singulärer Souveränität und selbst die Aufteilung der Menschheit in Völker erscheinen ihm unvereinbar mit der unteilbaren Souveränität der menschlichen Gattung. So gesehen ist die Hauptstadt Paris nur insofern ein privilegierter Ort, als man «ein entwurzeltes, aller Bodenhaftung enthobenes Denken» privilegiert: «Das Paradoxon des Hauptortes dieser abstrakten, universellen – und vielleicht nicht bloß *bürgerlichen* – Menschheit», schreibt Agacinski, «liegt darin, dass er zugleich ein Nicht-Ort, ein Nirgendwo ist, dass er Ähnlichkeit mit dem hat, was Michel Foucault, ohne dabei die Stadt einzubeziehen, eine ‹Heterotopie› genannt hat» (S. 204 f.). Die Spannung zwischen dem Denken des Allgemeinen und dem Denken des Besonderen manifestiert sich heute ohne Zweifel weltweit. Wir haben

2 Sylviane Agacinski, «La ville inquiète», in: *Le Temps de la réflexion*, Paris 1987.

hier nur einige Aspekte andeuten können, angefangen mit der Feststellung, dass ein wachsender Teil der Menschheit zumindest zeitweilig außerhalb territorialer Bindungen lebt, so dass die Bedingungen einer Definition des Empirischen und des Abstrakten sich unter dem Einfluss der dreifachen Beschleunigung, die für die Übermoderne charakteristisch ist, zu verschieben beginnen.

Die «Ortlosigkeit», der «Nicht-Ort», an dem das Individuum der Übermoderne sich aufhält, ist nicht identisch mit dem «Nicht-Ort» der Macht, an dem die beiden widersprüchlichen Notwendigkeiten zusammenkommen: das Universelle zu denken und zu situieren, das Lokale zu annullieren und zu begründen, den Ursprung zu bestätigen und zurückzuweisen. Dieses undenkbare Moment der Macht, das stets die soziale Ordnung begründet hat, bei Bedarf auch über die willkürliche, gleichsam als Naturtatsache unterstellte Umkehrung jener Begriffe, die sie zu denken ermöglichen, findet seinen Ausdruck besonders deutlich in dem revolutionären Willen, das Universelle und die Autorität zugleich zu denken, Despotismus und Anarchie zugleich abzulehnen; doch dieses Moment ist auch in einem allgemeineren Sinne konstitutiv für jede lokalisierte Ordnung, die der Autorität *per definitionem* räumlichen Ausdruck verleihen muss. Der Zwang, unter dem das Denken des Anacharsis Cloots steht (das im Übrigen durchaus «naiv» genannt werden darf), besteht darin, dass es die Welt als Ort wahrnimmt – als Ort der ganzen Menschheit gewiss, die allerdings auf der Organisation eines Raumes und der Erkenntnis eines Zentrums gründet. Spricht man heute vom Europa der Zwölf oder von der «neuen Weltordnung», so stellt sich übrigens sogleich die Frage, wo sich denn nun wirklich das jeweilige Zentrum befinden soll: in Brüssel (von Straßburg gar nicht zu reden) oder in Bonn (von Berlin gar nicht zu reden), am Sitz der UNO in New York oder im

Washingtoner Pentagon? Das Denken in Kategorien des Ortes begleitet uns, und die «Wiedergeburt» des Nationalismus, die ihm eine neue Aktualität beschert, könnte über eine «Rückkehr» zu jener Lokalisierung erfolgen, von der das Imperium als angebliche Präfiguration der zukünftigen Menschheit sich entfernt zu haben scheint. In Wirklichkeit war die Sprache des Imperiums dieselbe wie die der Nationen, die es ablehnen, vielleicht weil das alte Imperium ebenso wie die neuen Nationen erst zur Moderne finden müssen, bevor sie zur Übermoderne übergehen können. Das Imperium, als «totalitäres» Universum verstanden, ist niemals ein Nicht-Ort; vielmehr knüpft sich daran das Bild einer Welt, in der niemand jemals allein ist, alle einer ständigen Kontrolle unterworfen sind und die Vergangenheit als solche verworfen wird (man hat *tabula rasa* gemacht). Wie Orwells oder Kafkas Welt ist das Imperium nicht vormodern, sondern «paramodern»; da es die Moderne verfehlt hat, kann es unmöglich deren Zukunft einleiten, und es kennt keine der drei Figuren der Übermoderne, die wir oben skizziert haben. Es ist sogar im strengen Sinne deren Negativ. Da es für die Beschleunigung der Geschichte unempfänglich ist, schreibt es sie ständig um; es bewahrt seine Bürger vor dem Gefühl der räumlichen Einengung, indem es die Freiheit des Reisens und der Information beschränkt; eben dadurch (und wie es seine verkrampften Reaktionen auf private Initiativen zugunsten der Wahrung der Menschenrechte zeigen) eliminiert es die individuelle Referenz aus seiner Ideologie und läuft Gefahr, diese Referenz außerhalb seiner Grenzen zu projizieren: als schillernde Gestalt des absolut Bösen oder der schlimmsten Verführung. Gewiss wird man hier zunächst an die ehemalige Sowjetunion denken, doch es gibt noch andere Imperien, große und kleine, und wenn manche unserer Politiker gelegentlich der Versuchung erliegen, die Einheitspartei und eine autoritäre Regierung zur

Bedingung der Möglichkeit von Demokratie in Afrika und Asien zu erklären, dann erinnert das auf seltsame Weise an jene Denkschemata, deren archaischen, ja perversen Charakter sie verdammen, wenn es sich um Osteuropa handelt. Im Nebeneinander der Orte und Nicht-Orte wird das Politische den Ausschlag geben. Ohne Zweifel werden die Länder des Ostens und andere ihren Platz im weltweiten Verkehrs- und Kommunikationsnetz finden. Aber die damit verbundene Ausdehnung der Nicht-Orte – empirisch aufweisbarer und analysierbarer Nicht-Orte, deren Abgrenzung zunächst ökonomisch erfolgt – hat bereits vom Denken der Politiker Besitz ergriffen, und sie fragen sich immer häufiger, wohin sie gehen, weil sie immer weniger wissen, wo sie sind.

NACHWORT

Wenn ein Flugzeug auf einem Fernflug saudi-arabisches Territorium überquert, verkündet die Stewardess, dass der Konsum von Alkohol für die Zeit des Überflugs untersagt ist. Hier zeigt sich, wie das Territorium in den Raum eindringt. Boden = Gesellschaft = Nation = Kultur = Religion: Die Gleichung des anthropologischen Ortes findet ihre flüchtige Niederschrift im Raum. Befindet man sich dann wenig später wieder im Nicht-Ort des Raumes und ist dem totalitären Zwang des Ortes entgangen, so gewinnt man etwas wieder, das der Freiheit ähnelt.

Der britische Schriftsteller David Lodge hat 1984 eine moderne Version der Gralssuche veröffentlicht, die er mit treffendem Humor in der kosmopolitischen, internationalen und engen Welt der semiologisch-linguistischen Universitätsforschung ansiedelt.[3] Der Humor hat in diesem Falle soziologische Bedeutung: Die Welt der Universitäten in *Small World* ist nur eines der sozialen Netze, die heute die gesamte Erde umspannen und vielen Individuen die Möglichkeit zu einzigartigen, aber auf merkwürdige Weise ähnlichen Reisen bieten. Das Abenteuer des fahrenden Ritters ist letztlich nichts anderes, und die individuelle Irrfahrt ist in der heutigen Realität ebenso wie in den Mythen der Vergangenheit erfüllt von Erwartungen, wenn nicht gar von Hoffnungen.

Die Ethnologie hat es stets zumindest mit zwei Räumen zu tun: mit dem des Ortes, den sie untersucht (ein Dorf, ein Unternehmen), und mit dem größeren Raum, in den der Ort eingebettet

3 David Lodge, Small World, London 1984, dt. *Schnitzeljagd*, München 1985.

ist und von dem Einflüsse oder Zwänge ausgehen, die nicht ohne Auswirkungen auf das interne Spiel der lokalen Beziehungen bleiben (die Ethnie, der Staat). Der Ethnologe ist dadurch zu methodologischem Schielen verdammt; er darf weder den unmittelbaren Ort seiner Beobachtung noch die Grenzen der umgebenden Regionen aus dem Blick verlieren.

In der Situation der Übermoderne besteht ein Teil dieser Umgebung aus Nicht-Orten und ein Teil dieser Nicht-Orte aus Bildern. Die Frequentierung von Nicht-Orten gibt heute Gelegenheit zu einer historisch neuen Erfahrung einsamer Individualität und nichtmenschlicher Vermittlung zwischen Individuum und Öffentlichkeit (es genügt ein Plakat oder ein Bildschirm).

Der Ethnologe der zeitgenössischen Gesellschaften findet also das Individuum in der Umgebung wieder, in der er traditionell nach den allgemeinen Determinanten suchte, die den partikularen Konstellationen und den singulären Ereignissen ihren Sinn verliehen.

Es wäre ein Irrtum, wollte man in diesem Spiel der Bilder nur eine Täuschung sehen (eine postmoderne Form von Entfremdung). Die Analyse der Determinanten vermag die Wirklichkeit eines Phänomens niemals auszuschöpfen. Entscheidend an der Erfahrung des Nicht-Ortes ist dessen Anziehungskraft, die sich umgekehrt proportional zur Anziehungskraft des Territoriums wie auch zum Gewicht des Ortes und der Tradition verhält. Die gewaltigen Stauungen auf den Autobahnen an Wochenenden oder in der Urlaubszeit, die Schwierigkeiten der Fluglotsen mit dem überfüllten Luftraum und die Erfolge der neuen Einkaufszentren zeugen zur Genüge davon, aber auch Erscheinungen, die man auf den ersten Blick dem Wunsch zuschreiben könnte, die Werte des «Heimischen» zu verteidigen oder wieder zu einer «heimischen» Identität zurückzufinden. Dass die Einwanderer eine so starke (und oft so abstrakte) Furcht bei den Einheimischen auslösen, rührt vielleicht daher, dass sie ihnen zeigen, wie relativ die an den Boden geknüpften Gewissheiten sind. Eigentlich ist es der Auswanderer, der sie in der Person des Einwanderers beunruhigt und zugleich fasziniert. Da wir im heutigen Europa nicht an der «Wiederkehr» der Nationalismen zweifeln können, sollten wir aufmerksam beobachten, was in dieser «Wiederkehr» auf die Ablehnung der kollektiven Ordnung hinausläuft: Das an der Nation orientierte Identitätsmodell lässt sich offenbar dazu gebrauchen, dieser Ablehnung Gestalt zu verleihen; doch erst das individuelle Bild (das Bild des freien individuellen Weges) erfüllt sie heute mit Sinn und Leben, so wie es morgen zu ihrer Schwächung beitragen mag.

Sowohl in ihren bescheidenen Formen als auch in ihren luxuriösen Ausprägungen ist die Erfahrung des Nicht-Ortes (die unlösbar verbunden ist mit der mehr oder minder deutlichen Wahrnehmung, dass die Geschichte sich beschleunigt und unsere Erde kleiner wird) heute ein wesentlicher Bestandteil sozialer Existenz. Daher rührt der sehr spezielle und insgesamt paradoxe Charakter dessen, was man im Westen zuweilen die Mode der Selbstbespiegelung oder des Sich-Einspinnens nennt – niemals zuvor war die individuelle Geschichte (aufgrund ihrer unvermeidlichen Beziehung zum Raum, zum Bild und zum Konsum) so sehr in der allgemeinen Geschichte, also der Geschichte schlechthin, gefangen. Erst sofern dies bewusst gemacht worden ist, lassen sich die gravierenden individuellen Praktiken nachvollziehen: die Flucht (in sich selbst oder anderswohin), die Angst (vor sich selbst und vor den anderen), aber auch die Intensität der Erfahrung (die Performanz) oder die Revolte (gegen die herrschenden Wertvorstellungen). Keine Analyse des sozialen Gefüges darf länger das Individuum verkennen, und keine Analyse des Individuums kann fortan die Räume ignorieren, durch die es sich hindurchbewegt.

Eines Tages werden wir vielleicht einmal Signale von einem anderen Planeten empfangen. Dann wird aufgrund einer Solidarisierung, deren Mechanismen die Ethnologen in kleinem Maßstab untersucht haben, der ganze irdische Raum zu einem Ort werden. Ein Erdenbürger zu sein wird dann etwas bedeuten. Bis dahin ist es nicht sicher, dass die Bedrohung der Umwelt dazu ausreichen wird, dieses Bewusstsein herzustellen und es in der Erfahrung wachzuhalten. In der Anonymität des Nicht-Ortes spüren wir, ein jeder für sich allein, das gemeinschaftliche Schicksal der Gattung.

Wir werden also morgen – vielleicht schon heute – trotz der scheinbaren *contradictio in adjecto* Anlass und Raum zu einer Ethnologie der Einsamkeit haben.

NACHWORT ZUR NEUAUSGABE

DIE VERÄNDERUNGEN DER STÄDTISCHEN LANDSCHAFT

Seit dem Erscheinen von *Non-lieux* in Frankreich (1992) hat die Urbanisierung der Welt sich fortgesetzt und verstärkt, und das sowohl in den entwickelten als auch den unterentwickelten Ländern und in den heute so genannten «Schwellenländern». Die Megastädte breiten sich aus und mit ihnen, an ihren Rändern, entlang der Flüsse und Verkehrswege, die von dem Demographen Hervé Le Bras so genannten «urbanen Fasern», also jene Räume, die zumindest in Europa mit seinem knappen Platzangebot die großen Ballungszentren miteinander verbinden und einen beträchtlichen Teil der Einwohner wie auch des industriellen oder kommerziellen Geflechts dieser städtischen Agglomerationen beherbergen.

Wir erleben hier eine dreifache «Dezentrierung».

Die Großstädte definieren sich zunächst einmal durch ihre Fähigkeit zum Import oder Export von Menschen, Produkten, Bildern und Nachrichten. In räumlicher Hinsicht bemisst sich ihre Bedeutung an Qualität und Umfang des Autobahn- oder Eisenbahnnetzes, das sie mit ihren Flughäfen verbindet. Ihre Außenbeziehung hinterlässt gerade dann ihre Spuren in der Landschaft, wenn die als «historisch» bezeichneten Zentren zu Anziehungspunkten für immer mehr Touristen aus aller Welt werden.

In den Wohnungen nehmen Fernseher und Computer den Platz ein, der einst dem Herd zukam. Von den Altertumsforschern wissen wir, dass im alten Griechenland zwei Götter über das Haus wachten: Hestia, Göttin des Herdes und dunkles weibliches Zentrum des Hauses, sowie Hermes, der Gott der Schwelle, nach außen gewandt, Beschützer der Austauschbeziehungen und der Männer, die das Monopol darauf besaßen. Heute haben Fernseher und Computer die Stelle des Herdes im Zentrum der Wohnung eingenommen. Hermes hat Hestia verdrängt.

Auch der Einzelne hat in gewisser Weise eine Dezentrierung seiner selbst erfahren. Er ist mit Instrumenten ausgerüstet, die ihn ständig in Kontakt zur fernsten Außenwelt bringen. Sein Handy ist zugleich auch Fotoapparat, Fernsehgerät und Computer. So kann er als Vereinzelter in einer intellektuellen, musikalischen oder visuellen Umwelt leben, die vollkommen unabhängig von seiner aktuellen physischen Umgebung ist.

Dieser dreifachen Dezentrierung entspricht eine beispiellose Erweiterung der «empirischen Nicht-Orte», wie ich sie nennen möchte, das heißt der Verkehrs-, Konsum- und Kommunikationsräume. Allerdings sei daran erinnert, dass es keine «Nicht-Orte» im absoluten Sinne gibt. Ein «anthropologischer Ort» ist nach meiner Definition jeder Raum, der nachhaltig von sozialen Beziehungen (zum Beispiel von strengen Verhaltensregeln) oder von einer gemeinsamen Geschichte geprägt ist (zum Beispiel Kultstätten). Solch eine Prägung findet sich natürlich seltener in Räumen, die nur zeitlich vorübergehend oder als Durchgangsräume genutzt werden. Das ändert jedoch nichts daran, dass es in der Realität weder Orte noch Nicht-Orte im absoluten Wortsinn gibt. Das Paar Ort/Nicht-Ort dient als Maßstab für den sozialen oder symbolischen Charakter eines Raums.

Natürlich können Orte (solche der Begegnung und des Austauschs) sich auch da bilden, wo andere weiterhin nur einen Nicht-Ort erblicken. Diese Feststellung steht nicht im Widerspruch zu jener beispiellosen Ausdehnung der Verkehrs-, Konsum- und Kommunikationsräume, die dem heute so genannten Phänomen der «Globalisierung» entspricht. Diese Ausdehnung hat bedeutsame anthropologische Folgen, denn die individuelle und kollektive Identität bildet sich stets in Verbindung und in der Auseinandersetzung mit dem anderen. Damit öffnet sich das Feld der gesamten Erde gleichzeitig der Erforschung durch die Anthropologie der zeitgenössischen Welten.

Sämtliche menschlichen Aktivitäten geraten so in einen neuen Kontext. Globalisierung bedeutet auch Urbanisierung der Welt, doch Urbanisierung der Welt bedeutet zugleich einen Wandel der Stadt, die sich neuen Horizonten öffnet. Dieses neuartige Phänomen lässt es sinnvoll erscheinen, auf eine Reihe von Vorstellungen zurückzukommen.

Die politische Dimension der Globalisierung hat Paul Virilio in mehreren Büchern dargestellt, insbesondere in *La bombe informatique*. Dort analysiert er die Strategie des amerikanischen Verteidigungsministeriums und dessen Verständnis des Gegensatzes zwischen Globalem und Lokalem. Das Globale ist das System, aus der Sicht des Systems betrachtet: also das Innen. Und aus dieser Sicht ist das Lokale das Außen. Das Lokale besitzt daher *per definitionem* eine instabile Existenz. Entweder ist es eine bloße Verdopplung des Globalen (so sagt man zuweilen «glokal»), wodurch der Begriff der Grenze verschwindet. Oder das Lokale stört das System und unterliegt damit letztlich, politisch betrachtet, der Ausübung des Rechts auf Einmischung. Wenn Fukuyama das «Ende der Geschichte» verkündet, um zu verdeutlichen, dass der Siegeszug der repräsentativen Demokratie und der liberalen Ökonomie intellektuell unüberbietbar seien, führt er damit einen Gegensatz zwischen System und Geschichte ein, der den Gegensatz zwischen Globalem und Lokalem reproduziert. In der globalen Welt kann Geschichte im Sinne eines Protests gegen das System nur von außen, vom Lokalen her kommen. Die Ideologie der globalen Welt impliziert die Auslöschung der Grenzen und der Proteste.

In Szene gesetzt wird diese Auslöschung der Grenzen durch Bildtechnologien und Raumordnung. Auf der ganzen Erde vermehren sich die Verkehrs-, Konsum- und Kommunikationsräume, wodurch die Existenz des Netzes sehr konkret sichtbar wird. Die Geschichte (das zeitlich Ferne) erstarrt in Darstellungen unterschiedlicher Art, die sie zu einem Spektakel für die Gegenwart und insbesondere für die Touristen machen, welche die Welt besuchen. Das kulturell und geographisch (also räumlich) Ferne erleidet dasselbe Schicksal. Dieselben Hotelketten, dieselben Fernsehsender umspannen den Globus und vermitteln den Eindruck, die Welt sei überall gleich, überall dieselbe, und nur die Spektakel wechselten wie am Broadway oder in Disneyland.

Die Urbanisierung der Welt ist Teil dieser Entwicklung oder vielmehr deren spektakulärster Ausdruck. Vervollständigt wird das Bild durch die Tatsache, dass das politische und wirtschaftliche Leben des Planeten von Entscheidungszentren abhängt, die in den großen, miteinander verbundenen und gleichsam eine «virtuelle Metacity» (Virilio) bildenden Weltmetropolen liegen. Die Welt gleicht einer riesigen Stadt. Sie ist eine Welt-Stadt.

Allerdings ist auch jede große Stadt eine Welt und sogar eine Rekapitulation, eine Zusammenfassung der Welt mit ihrer ethnischen, kulturellen, religiösen, sozialen und ökonomischen Vielfalt. Die Grenzen oder Trennungslinien, deren Existenz wir angesichts des faszinierenden Schauspiels der Globalisierung vielleicht gerne vergessen, finden wir – überdeutlich und gnadenlos diskriminierend – im seltsam gescheckten und zerrissenen urbanen Gewebe wieder. Gerade im Hinblick auf die Stadt spricht man von Problemvierteln, von Gettos, von Armut und Unterentwicklung. Große Metropolen vereinen und trennen heute in sich die ganze Vielfalt und Ungleichheit der Welt. In den Städten der Dritten Welt findet man Spuren von Unterwicklung, aber zugleich auch weltweit vernetzte Geschäftsviertel. Die Weltstädte relativieren und dementieren durch ihre bloße Existenz die Illusionen der Welt-Stadt.

Beim Zusammentreffen von Weltstädten und Welt-Stadt kann man den Eindruck haben, den Virilio schon Anfang der 1980er Jahre in seinem Buch *L'espace critique* zum Ausdruck brachte, dass nämlich die Stadt als solche im Verschwinden begriffen sei. Gewiss, das Urbane breitet sich allenthalben aus, doch die Veränderungen in der Arbeitsorganisation, die prekären Lebensverhältnisse als dunkle Kehrseite der Mobilität und die Technologien, die über Fernsehen und Internet jedem Einzelnen in seinem Innersten das Bild eines vervielfältigten, allgegenwärtigen Zentrums aufzwingen, nehmen Gegensätzen von der Art Stadt/Land oder urban/nichturban jede Überzeugungskraft.

Der Gegensatz zwischen Weltstädten und Welt-Stadt ist eine Parallele zum Gegensatz zwischen System und Geschichte. Er ist gewissermaßen dessen räumliche und konkret landschaftliche Übersetzung. Der Vorrang des Systems vor der Geschichte und des Globalen vor dem Lokalen hat Folgen für den Bereich der Ästhetik, der Kunst und der Architektur. Große Architekten sind zu internationalen Stars geworden, und wenn eine Stadt im weltweiten Netz sichtbar werden möchte, versucht sie, einen dieser Star-Architekten mit dem Bau eines Gebäudes zu betrauen, das Aufmerksamkeit erregt. Es soll der Welt ihre Präsenz beweisen, das heißt ihre Existenz im Netz oder im System. Selbst wenn solche Bauprojekte im Prinzip den historischen oder geographischen Kontext berücksichtigen, werden sie doch rasch vom weltweiten Konsum eingefangen. Erst der Zustrom von Touristen aus aller Welt weist sie als Erfolg aus. Die globale Farbe löscht die lokale Färbung aus. Bauwerke sind singuläre Erscheinungen. Sie bringen die einzigartige Sicht ihres Schöpfers zum Ausdruck und machen sich frei von lokalen Besonderheiten. Sie zeugen von einem Wechsel der Größenordnung. Tshumi in La Villette, Renzo Piano in Beaubourg oder Nouméa, Gehry in Bilbao, Peï im Louvre, Nouvel in Manhattan – das ist das Global-Lokale, Lokales in der Farbe des Globalen, Ausdruck des Systems, seines Reichtums und seiner ostentativen Selbstdarstellung. Jedes dieser Projekte hat seine besonderen lokalen und geschichtlichen Rechtfertigungen, doch letztlich resultiert ihr Ansehen aus der weltweiten Anerkennung. Rem Koolhas hat dafür eine kraftvolle und treffende Formulierung gefunden: «Fuck the context!» Manche Architekten wie Nouvel bestehen dagegen auf dem besonderen Charakter jedes Projekts an seinem besonderen Ort. Doch diese in Gestalt von Dementis vorgetragenen Plädoyers ändern nichts an der Tatsache, dass die große Weltarchitektur sich weltweit in den Rahmen der aktuellen Ästhetik fügt, einer Ästhetik der Distanz, die uns jeglichen Bruch übersehen lassen möchte. In Wahrheit hat der Kontext sich verändert, und der Kontext ist global.

An diesem Punkt wird es paradox. Der Städtebau ist in gewissem Sinne Ausdruck eines Systems. Und das zuweilen in höchst karikierendem Maße, wenn er etwa, wie am Times Square, die Ästhetik der Vergnügungsparks verallgemeinert. Oder man denke an die Städte, die einander überbieten, um den höchsten Turm der Welt zu bauen. Man kann aber auch nicht leugnen, dass manche moderne Bauten durchaus spektakulär und glanzvoll sind. Wenn die Architektur in gewissem Sinne die Illusionen der aktuellen Ideologie ablöst und an der Ästhetik der Transparenz und der Reflexe, der Höhe und der Harmonie, der Ästhetik der Distanz teilhat, die wissentlich oder unwissentlich ebendiese Illusionen nährt und den Triumph des Systems an den stärksten Punkten des weltweiten Netzes zum Ausdruck bringt, so erlangt sie damit eine utopische Dimension. In dieser von Bildern und Nachrichten gesättigten Welt vermag nur noch die Utopie einen Ausweg und eine Hoffnung zu bieten. Genau das hat die Architektur begriffen, vielleicht sogar ohne Wissen der Architekten.

In ihren bedeutsamsten Werken scheint die Architektur auf eine noch nicht verwirklichte planetarische Gesellschaft anzuspielen. Sie präsentiert glanzvolle Fragmente einer zerbrochenen Utopie, an die wir immer noch glauben möchten, der Utopie einer transparenten Gesellschaft, die noch nirgendwo existiert. Zugleich zeichnet sie etwas, das bloße Anspielung bleibt, indem sie in groben Zügen eine Zeit skizziert, die noch nicht gekommen ist, die vielleicht niemals kommen wird, aber im Bereich des Möglichen bleibt. In diesem Sinne reproduziert das Verhältnis zur Zeit, das seinen Ausdruck in der großen modernen Architektur findet, gleichsam spiegelbildlich verkehrt jenes Verhältnis zur Zeit, das im Spektakel der Ruinen zum Ausdruck kommt. Was wir in den Ruinen sehen, ist die Unmöglichkeit, sich vollkommen vorzustellen, was sie für jene Menschen darstellten, die sie sahen, als sie noch keine Ruinen waren. Sie bringen nicht die Geschichte zum Ausdruck, sondern die Zeit, die reine Zeit.

Was für die Vergangenheit gilt, das gilt vielleicht auch für die Zukunft. Die Wahrnehmung der reinen Zeit ist die gegenwärtige Wahrnehmung eines Mangels, der die Gegenwart strukturiert, indem er sie auf Vergangenheit oder Zukunft hin orientiert. Doch sie erwächst auch aus dem Anblick des Parthenon oder des Museums in Bilbao. Beide sind in ihrer Existenz eine einzige Anspielung. So scheint denn die Architektur entgegen der aktuellen Ideologie, in deren Rahmen sie sich fügt, uns den Sinn für Zeit zurückzugeben und von der Zukunft zu sprechen. Doch die Zukunft hat heute etwas Schwindelerregendes. In planetarischem Maßstab stellt sie die Frage nach einer geeinten menschlichen Gesellschaft, an deren Möglichkeit wir zweifeln und die wir zugleich angesichts unseres Wissens vom Menschen und seiner Geschichte fürchten. In extraplanetarem Maßstab stellt sie die Frage nach anderen Welten und dem Universum, das noch unsicher in unser Bewusstsein zu treten beginnt und das unser Vorstellungsvermögen übersteigt.

In Städtebau, Architektur, Kunst oder Design (Tätigkeitsbereiche, die sich partiell überschneiden) basiert das Spiel mit Formen oder fernen Objekten auf einer bewussten Wahl und erhält seinen Sinn innerhalb privilegierter Milieus, die sich der unermesslichen Möglichkeiten bewusst sind, welche die allumfassende Öffnung des Planeten in theoretischer und idealer Hinsicht bietet. Das Problem, mit dem Anhänger solch eines Eklektizismus und ebenso auch alle Künstler in unserer Zeit sich konfrontiert sehen, ist die unerhörte Flexibilität des globalen Systems, das jegliche Unabhängigkeitserklärung und jede Suche nach Originalität für seine Zwecke einzuspannen vermag. Kaum sind die Forderungen nach Pluralismus und Vielfalt, nach einer Neufassung und Neudefinition der Kriterien und nach einer Öffnung für die unterschiedlichen Kulturen formuliert, da werden sie auch schon vom System akzeptiert, proklamiert, banalisiert und in Szene gesetzt, das heißt konkret von den Medien, vom Bild, von den politischen und sonstigen Instanzen. Das Problem der Kunst im weitesten Sinne besteht von jeher darin, sich von einem Zustand der Gesellschaft zu distanzieren, den sie dennoch zum Ausdruck bringen muss, wenn sie von den Menschen verstanden werden will. Die Kunst muss der Gesellschaft (das heißt heute: der Welt) Ausdruck verleihen, aber sie muss es sehr bewusst tun. Sie kann nicht einfach nur passiver Ausdruck oder ein Aspekt der Situation sein. Sie muss expressiv und reflexiv sein, wenn sie uns etwas anderes zeigen will, als wir tagtäglich vor Augen haben, etwa im Supermarkt oder im Fernsehen. Die heutigen Bedingungen erhöhen die Notwendigkeit, aber zugleich auch die Schwierigkeit einer solchen Versetzung zwischen Ausdruck und Reflexion, die natürlich in erster Linie den paradoxen Eklektizismus eines Rückgriffs auf das Außen in einer Welt betrifft, in der es kein Anderswo mehr gibt.

Stadtplaner und Architekten, Künstler und Schriftsteller sind heute möglicherweise dazu verdammt, nach der Schönheit der «Nicht-Orte» zu suchen und dabei den scheinbaren Selbstverständlichkeiten der Aktualität zu widerstehen. Künstler und Schriftsteller tun dies einerseits, indem sie versuchen, den rätselhaften Charakter der Objekte, der von jeder Verständnisbemühung oder Verwendung losgelösten Dinge, wiederzufinden, und andererseits, indem sie die Medien zu ihrem Objekt machen, die als Vermittler verstanden werden möchten und Trugbild wie auch Mimesis ablehnen. Die Architekten verfügen über zwei Auswege. Manche befassen sich direkt mit dem Elend der Welt und den Erfordernissen des Wohnens, des Neubaus oder der Sanierung. Andere haben die Möglichkeit, sich direkt mit den Kommunikations-, Verkehrs- und Konsumräumen, den empirischen «Nicht-Orten» auseinanderzusetzen, aus denen die Landschaften unserer neuen Welt vornehmlich bestehen. Flughäfen, Bahnhöfe, Brücken und gelegentlich auch Einkaufszentren werden von den größten Architekten als der gemeinsame Raum verstanden, der all jenen, die ihn als Reisende, Passanten oder Käufer benutzen, das Gefühl zu vermitteln vermag, dass Zeit und Schönheit in ihrer Geschichte durchaus einen Platz haben. Auch dort noch ein Rest von Utopie, nach dem Bild unserer Zeit hin und her gerissen zwischen Passivität, Angst und trotz allem auch Hoffnung oder zumindest Erwartung.

Die Stadt ist heute mehr denn je der Ort dieser Hoffnung und dieser Erwartung. Auf diesem Planeten, den die Menschen umrunden, gibt es nur noch sie. Ihre neuen Formen, deren Maßlosigkeit wir abwechselnd wegen ihrer Unmenschlichkeit beklagen oder wegen ihrer Größe bewundern können, verweisen auf die beiden Horizonte unserer Zukunft: die Utopie einer geeinten Welt und den Traum von der Erforschung des Universums. Die Erde wird zunehmend zu einem riesigen Raumschiff, auf dem das Leben sich jeden Tag im Blick auf den extraplanetaren Kontext organisiert: zuerst das Sonnensystem, dann, eines unendlich fernen Tages, vielleicht die Milchstraße und eines noch ferneren Tages andere Galaxien. Morgen werden die Vororte der Erde (Mond, Mars) urbane Formen aufnehmen, die auf der Erde entworfen worden sind, und wir werden begreifen, dass unsere wichtigsten Städte seit langem schon ein Bild unserer Zukunft bieten. Wir werden wieder von der menschlichen Gattung sprechen. Wir werden uns vielleicht daran gewöhnen, vom Menschen schlechthin zu sprechen und seine Präsenz in jedem Einzelnen zu achten. Wir werden feststellen, dass aus der Sicht der Imperative der Wissenschaft die Ungleichheiten lächerlich und schädlich sind. Wir werden den Sinn der Geschichte wiederentdecken. Das zumindest ist die Illusion, die bei den größten Optimisten das Schauspiel der in Veränderung begriffenen Stadt erzeugen könnte, wie sie dies schon im 19. Jahrhundert bei der armen Landbevölkerung Europas tat und heute bei den Verdammten der Erde tut, die lieber den Tod riskieren, indem sie vor ihm fliehen, als ihn zu erleiden, indem sie in ihrer angestammten Heimat bleiben. Ob trügerisch oder vielversprechend, die Lichter der Stadt leuchten weiterhin.

LITERATUR-VERZEICHNIS

Certeau, Michel de, *L'Invention du quotidien. 1. Arts de faire*, Paris 1990; dt.: *Kunst des Handelns*, Berlin 1988.
Chateaubriand, François-René de, *Itinéraire de Paris à Jérusalem*, Paris 1811; dt.: *Reise von Paris nach Jerusalem*, 3 Bde., Leipzig 1811 (die Seitenverweise beziehen sich auf die französische Ausgabe, Paris 1964).
Descombes, Vincent, *Proust, philosophie du roman*, Paris 1987.
Dumont, Louis, *La Tarasque*, Paris 1987.
Dupront, Alphonse, *Du sacré*, Paris 1987.
Furet, François, *Penser la Révolution*, Paris 1978; dt.: *1789 – Vom Ereignis zum Gegenstand der Geschichtswissenschaft*, Frankfurt am Main/Berlin 1980.
Hazard, Paul, *La Crise de la conscience européenne*, 1680–1715, Paris 1961.
Mauss, Marcel, *Sociologie et anthropologie*, Paris 1966; dt.: *Soziologie und Anthropologie*, 2 Bde., Frankfurt am Main 1989.
Starobinski, Jean, «Les cheminées et les clochers», in: *Magazine littéraire*, 280, September 1990.
L'Autre et le semblable. Regards sur l'ethnologie des sociétés contemporaines, hg. v. Martine Segalen, Paris 1989.
Virilio, Paul, *La bombe informatique*, Paris 1998; dt.: *Information und Apokalypse*, München 2000.

Aus dem Verlagsverzeichnis

Philosophie bei C.H.Beck

Wolfgang Sofsky
Das Buch der Laster
2009. 272 Seiten. Gebunden

Wolfgang Sofsky
Verteidigung des Privaten
Eine Streitschrift
2007. 158 Seiten. Gebunden

Amartya Sen
Die Idee der Gerechtigkeit
Aus dem Englischen von Christa Krüger
2010. 512 Seiten. Leinen

Ernst Tugendhat
Anthropologie statt Metaphysik
2010. 240 Seiten. Paperback
Beck'sche Reihe Band 1825

Ernst Tugendhat
Egozentrizität und Mystik
Eine anthropologische Studie
2006. 169 Seiten. Paperback
Beck'sche Reihe Band 1726

Kwame Anthony Appiah
Ethische Experimente
Übungen zum guten Leben.
Aus dem Englischen von Michael Bischoff
2009. 267 Seiten. Broschiert

Verlag C.H.Beck, München

Beck'sche Reihe «Denker»
Herausgegeben von Otfried Höffe

Theodor W. Adorno, von Rolf Wiggershaus (bsr 510)
Anselm von Canterbury, von Rolf Schönberger (bsr 568)
Antike Skeptiker, von Friedo Ricken (bsr 526)
Hannah Arendt, von Hauke Brunkhorst (bsr 548)
Aristoteles, von Otfried Höffe (bsr 535)
Augustinus, von Christoph Horn (bsr 531)
Avicenna, von Gotthard Strohmaier (bsr 546)
Francis Bacon, von Wolfgang Krohn (bsr 509)
George Berkeley, von Arend Kulenkampff (bsr 511)
Giordano Bruno, von Paul Richard Blum (bsr 551)
Rudolf Carnap, von Thomas Mormann (bsr 554)
Ernst Cassirer, von Andreas Graeser (bsr 527)
Noam Chomsky, von Günther Grewendorf (brs 574)
Nicolaus Cusanus, von Kurt Flasch (bsr 562)
Charles Darwin, von Eve-Marie Engels (bsr 575)
Jacques Derrida, von Uwe Dreisholtkamp (bsr 550)
René Descartes, von Dominik Perler (bsr 542)
Epikur, von Malte Hossenfelder (bsr 520)
Johann Gottlieb Fichte, von Peter Rohs (bsr 521)
Michel Foucault, von Urs Marti (bsr 513)
Gottlob Frege, von Verena Mayer (bsr 534)
Hans-Georg Gadamer, von Kai Hammermeister (bsr 552)
Jürgen Habermas, von Alessandro Pinzani (bsr 576)
G.W. F. Hegel, von Hans Friedrich Fulda (bsr 565)
Werner Heisenberg, von Gregor Schiemann (bsr 577)
Thomas Hobbes, von Otfried Höffe (bsr 580)
Max Horkheimer, von Zvi Rosen (bsr 528)
Wilhelm von Humboldt, von Tilman Borsche (bsr 519)
David Hume, von Jens Kulenkampff (bsr 517)
Edmund Husserl, von Verena Mayer (bsr 579)
Indische Denker, von Kuno Lorenz (bsr 545)
Immanuel Kant, von Otfried Höffe (bsr 506)
Karl Jaspers, von Kurt Salamun (bsr 508)
Johannes Kepler, von Volker Bialas (bsr 566)
Søren Kierkegaard, von Annemarie Pieper (bsr 556)
Konfuzius, von Heiner Roetz (bsr 529)

Nikolaus Kopernikus, von Martin Carrier (bsr 558)
Jacques Lacan, von Kai Hammermeister (bsr 578)
Gottfried Wilhelm Leibniz, von Michael-Thomas Liske (bsr 555)
John Locke, von Rainer Specht (bsr 518)
Niklas Luhmann, von Detlef Horster (bsr 538)
Niccolò Machiavelli, von Wolfgang Kersting (bsr 515)
John Stuart Mill, von Peter Rinderle (bsr 557)
Isaac Newton, von Ivo Schneider (bsr 514)
Friedrich Nietzsche, von Volker Gerhardt (bsr 522)
Wilhelm von Ockham, von Jan P. Beckmann (bsr 533)
Willard Van Orman Quine, von Henri Lauener (bsr 503)
Blaise Pascal, von Wilhelm Schmidt-Biggemann (bsr 553)
Charles Sanders Peirce, von Klaus Oehler (bsr 523)
Jean Piaget, von Thomas Kesselring (bsr 512)
Platon, von Michael Erler (bsr 573)
Plotin, von Jens Halfwassen (bsr 570)
Karl R. Popper, von Lothar Schäfer (bsr 516)
Karl Rahner, von Albert Raffelt/Hansjürgen Verweyen (bsr 541)
John Rawls, von Thomas W. Pogge (bsr 525)
Jean-Jacques Rousseau, von Dieter Sturma (bsr 549)
Bertrand Russell, von Thomas Mormann (bsr 560)
Jean-Paul Sartre, von Peter Kampits (bsr 567)
Max Scheler, von Wolfhart Henckmann (bsr 543)
F. W. J. Schelling, von Hans Michael Baumgartner/
Harald Korten (bsr 536)
Friedrich Schleiermacher, von Hermann Fischer (bsr 563)
Arthur Schopenhauer, von Klaus-Jürgen Grün (bsr 559)
Duns Scotus, von Ludger Honnefelder (bsr 569)
Adam Smith, von Karl Graf Ballestrem (bsr 561)
Sokrates, von Günter Figal (bsr 530)
Baruch de Spinoza, von Wolfgang Bartuschat (bsr 537)
Thomas von Aquin, von Maximilian Forschner (bsr 572)
Paul Tillich, von Werner Schüßler (bsr 540)
Giambattista Vico, von Peter König (bsr 571)
Vorsokratiker, von Christof Rapp (bsr 539)
Max Weber, von Gregor Schöllgen (bsr 544)
Alfred North Whitehead, von Michael Hampe (bsr 547)
Ludwig Wittgenstein, von Wilhelm Vossenkuhl (bsr 532)

Verlag C. H. Beck München